山西
文化记憶

丛书主编　杜学文

王　芳　著

大地上的

遗珍

山西出版传媒集团　山西教育出版社

山西文化记忆

序

溯源文化记忆，讲好山西故事

山西省文化和旅游厅厅长 王爱琴

经过大家的努力，"山西文化记忆"丛书就要面世了，这是一件好事。在这里我首先要祝贺这套丛书的出版，它为广大读者了解山西，了解我们祖国悠久灿烂的文化，提供了一个崭新的窗口。

"山西文化记忆"是山西于2022年启动的一项旨在宣传山西地域的历史文化，梳理中华文明发展进程中依然存留在世的文化资源，向社会推广、普及中华优秀传统文化的重点工作。项目启动后，聘请在相关领域有较深造诣的同志组成专家组，在各地申报的基础上，按照历史文化价值、市场开发程度、社会影响力等几个方面，坚持正确导向，进行反复论证，投票推选出预选项目，在网络媒体向社会征集意见，总共获得了530余万选票，短视频播放量突破300万，显示出社会对此项活动的关注与支持。之后，由专家组结合线上点击情况进一步研究论证，评出首批山西文化记忆项目32项。这些项目以文化遗产、文化景观与非物质文化遗产为主，涵盖古代历史，兼顾现当代，覆盖山西11个地市，较为典型地展现了山西悠久的历史与深厚的文化底蕴，引起了省内外各界的关注，对提升山西文化影响力，增强我们的文化自信，促进文化与旅游融合，推动新兴文旅产业的发展，具有非常重要的意义。

山西表里山河，地处黄土高原，在中华文明的形成与发展中具有极为重要的地位，保留的各类文化遗存也极其丰富，具有典型意义。在距今五六千年的时候，中华大地满天星斗，各地都出现了文明的火花，有些已经演进成为典型的文明形态。根据考古研究，诸如红山文化、大汶口文化、良渚文化、陶寺文化等在当时都具备了文明形成的相关条件，与古籍的记载相应，是中华文明形成、融合、演变的实证。而诸如双槐树遗址、石峁遗址、三星堆遗址等重要遗址揭示的文化形态，生动地显示出中华文明形成与演变的历史。山西地域，特别是汾河流域具有极为独特的意义，是中华文明总根系中的直根系。山西不仅发现了人类即将形成时期的高等灵长类动物曙猿化石，也发现了人类最早使用火的实证。距今大约 243 万年以来人类发展历程的各个环节在山西都有重要的文化遗存存世，这可以生动地显示出中华文明孳生、形成、发展与演变的全过程。

根据史籍记载，以及考古研究，山西的历史文化大致具有这样一些特征。一是系统性，能够完整地显示出人类在山西地域乃至中华地域的演变发展，体现出突出的连续性特性；二是典型性，许多文化现象是中华文明的典型代表，如西侯度遗址、丁村遗址、许家窑遗址、峙峪遗址、下川遗址，以及西阴遗址、陶寺遗址等，还有诸如佛光寺、应县木塔、悬空寺、永乐宫，以及平遥古城、云冈石窟、五台山这些世界文化遗产等，都是中华文明不同时期、不同类型的代表；三是稀缺性，许多文化遗存具有独特的文化意义，甚至具有唯一性，如丁村遗址发现的人骨化石、佛光寺东大殿的唐代木构建筑、永乐宫的壁画，以及武乡八路军太行纪念馆展示的根据地军民抗战史等。它们生动地证明了文明进程中的某一历史或历史现象、历史环节，显示出山西地域丰富的文化形态及其重要的文化价值。我们希望通过开展"山西文化记忆"项目的推选、宣传，使山西的历史文化被社会进一步了解，其文化意义进一步彰显，文化的"记忆"进一步深刻，山西的文化形象也进一步光大。

"山西文化记忆"丛书共4册，对32个项目进行了介绍。经过山西教育出版社的同志与各位作者的努力，这些文字将要与读者见面了。这套丛书图文并茂，可读可看，形象生动，对各项目的介绍避免了简单化、概念化，既体现出严谨的学术品格，又融入了作者个人的思考、感受、想象，学术性与文学性有机统一，显现出极为生动自然的风格。也正由此，这套丛书具有了与其他图书不同的特点，更追求学术的严谨认真，更为好读，更具吸引力，容易被读者接受。

山西拥有丰富的历史文化资源，如何把资源转化为活力，开创山西文化旅游发展的新局面，是我们要思考和解答的重要课题。新时代新征程上，我们要以习近平文化思想为指引，切实担负起新的文化使命，坚持守正创新，保护好、传承好、利用好历史文化遗产，有力推动中华优秀传统文化的创造性转化、创新性发展，赓续历史文脉、谱写当代华章，讲好中国故事、山西故事。山西省委、省政府高度重视文化和旅游融合发展，坚持以文塑旅、以旅彰文，挖掘文化内涵，推动活化利用，做好文化、文物、文创文章，围绕引导融合发展方向、优化产业发展环境、激发文旅消费潜力、规范市场秩序等相继出台了一系列政策举措，有力健全了现代文化和旅游融合发展的产业体系和市场体系，为奋力谱写中国式现代化山西篇章注入了强大文化力量。

山西是一片历史悠久的土地，也是一片充满魅力、蕴藏着巨大活力的土地。相信大家能够通过这套丛书，对山西有更多的了解，从而对我们的中华文明有更深入的体认。也希望大家能够多来山西，更好地体验山河之壮阔、文明之灿烂、人文之厚重、明天之美好。

目录

丁村文化

从古民居到古人类 _002

我国最重要的旧石器时代中期考古文化之一。在丁村遗址发现的人类化石丰富了我国古人类文化遗存，为人类演化提供了重要实证，与明清时期的丁村民居共同构成极具典型意义的人文景观。

河东 盐池

一池洪荒，中华盐宗 _032

中国历史最悠久的天然盐湖，最古老的盐业生产中心。孕育了中华民族的血脉，对中华文明的形成和发展具有深刻影响，是大地景观与文化内涵深度融合的当代美学活态演绎。

陶寺遗址

尧在4300年前的礼乐实践 _060

迄今发现的史前时期东亚最早的都城之一，帝尧之都所在地，最早的"中国"。对探索华夏文明的形成和发展有着极为重要的实证意义，是中华文明探源工程中的重点遗址之一。

晋国博物馆

半部西周史 _086

依托"曲村—天马遗址"兴建的专题性遗址博物馆，晋国早期九代诸侯墓葬之地，彰显了周朝建立后封土建邦、变法图强、追求一统的历史进程，是中国古代社会急遽变革时期的生动缩影。

云冈石窟

花叶见佛 _118

人类石窟艺术经典杰作，中国古代雕刻艺术宝库。我国游牧文明与农耕文明融合的典范，中外文化交流的历史丰碑。以炉火纯青的雕刻技艺和极富想象力的匠心之美映射出古代民间工匠的超凡智慧，雕凿成登峰造极的世界文化遗产。

五台山

千重佛意，清凉世界 _148

世界文化遗产，中国最大的佛教古建筑群，四大佛教名山之首。集佛学传承、古建遗迹、历史风貌于一体，被誉为"华北屋脊""清凉胜境"，是自然地貌与文化形态相融的典范。

天龙山石窟

松涛声声迎佛首 _178

跨越东魏、北齐、隋、唐四朝的石窟艺术。是外来石窟造像艺术向中国石窟艺术转变时期的代表作，具有广泛的国际影响。民国初期，屡遭盗凿，文物流失海外。2021年的"佛首回归"轰动海内外，鼓舞中华儿女昂首阔步踏上伟大复兴新征程。

晋商票号

驰骋天下六百年 _204

中国票号业的鼻祖，有"汇通天下"之盛誉。是敢为天下先的晋商对中国商业金融的创新性贡献，是诚实守信、开拓进取、和衷共济、务实经营、经世济民的晋商精神之活态呈现。

平遥古城

一座城就是一个天下 _234

世界文化遗产，国家历史文化名城，中国古代城市营建理念的杰出典范和迄今保存最完整的明清县城，活态传承了中国北方历史城镇的社会经济与文化生活，完美呈现传统与现代的交融之美。

后记 _257

历史来路 时光剪影

丁村文化

从古民居到古人类

丁村是最可纪念的地方，它是新中国成立以后，我们用自己的经费、自己的科学家，自己发掘、自己研究、独立自主科学发掘研究的第一个遗址，也是第一次发现、发掘的旧石器时代中期的遗址。

——中国古人类学家、史前考古学家贾兰坡

　　在手机地图上"指点江山",手指放大了再缩小,便可以从襄汾县城沿着汾河向南,找到丁村。如果要去丁村,自驾、坐火车也是沿河而行。河流规定了人们的道路,变的只是交通工具,由河流形成的交通网却变化不大,人类的认识不过是河流文明的叠加。

　　走进丁村,入眼的是精致的古民居。

　　精美繁复的木、砖、石堆筑的深深庭院,一座一座,一排一排,铺陈在土寨墙围成的方形区域内,俨然就是一座小小的城堡。

　　"魁星阁、财神阁、文昌阁、玉皇庙四座殿阁是龟的四足,东有狼虎庙,西为弥陀院,分别是龟的首和尾,我们的村子就像是一只乌龟爬在汾河边的沙滩上,从空中俯视,丁村就是'金龟戏水',祈祷着人们生活的这个村庄能永远平安、永远富贵。"陶富海先生如是说。

　　陶先生是丁村的活化石、活地图,我在多篇考古文章中见过这个名字。这个在多个考古遗址中出现过的老人,已经90多岁了,但身体健壮、思路清晰,如果不是事先确定过,我根本无法判断他的真实年龄。

"古民居是丁村的第二处精华。"

"那第一处呢?"

"当然就是汾河边的旧石器遗址!"

奢华又低调的明清古民居

来丁村的人,几乎都是看古民居的。

40座院落,分别在明万历,清雍正、乾隆、嘉庆、道光、咸丰、宣统年间建起来,还有建筑时间不明确的10座院落,藏起一些故事,静悄悄地组成了乌龟的身躯,欢欢喜喜地等着游人的到来。

"丁村民宅呈东北、西南向长形分布,自东北至西南依次分成北院、中院、南院、西北院四大群组。"四大建筑群组的这些民居,以四合院为主,是可以区分出明代和清代的风格的。明代有明文规定,庶民庐舍不得超三间五架,因此明代早一些的院子只用正堂、厢房、山墙、门楼围起。一进院子,简简单单,亦如当时人们的纯朴。到了明末清初,有了二进院子,时间进展着,院子越来越复杂,越来越精美,道光年间还出现了二层门楼。"明不如清高,清不如明宽",每一个时代都带有自己的痕迹,都隐藏着丁村的发展轨迹,却又一脉相承。

厅堂、楼房、厢房各具特色,门窗、斗拱、雀替、栏杆、垂花门、柱础、影壁,都带有当时工匠的匠心,甚至小到一个悬鱼、一个铺首，都是精巧而又繁复的。有一座院子大门上镶嵌着一对铁制的铺首，我停留注视了很长时间，小小一个物件，有如意、有柿子、有蝙蝠，内含八个字：福寿团圆，事事如意。古人总是言简意赅，寓意却深长美好。

铁制铺首，福寿团圆，事事如意

门，要做得豪华，不惜打上去220枚大钉、3500枚小钉。

窗，要装饰出具备中华传统美的棂花，方格纹、斜纹、梅花纹、蝙蝠纹，还有各种不规则图样的组合，想要全部画下来，得在这里住上几天。

在这里，内心的宏愿或微愿都是用雕刻来表达的。

要把内心情感和景色雕刻在可以雕刻的空间里，那就无论木、砖、石，只要有可以用刻刀来细致琢磨的空间，他们就不吝惜自己的精力、手艺和才情。

要把儒家文化雕进去。岳飞跪下等待母亲刺下"精忠报国"四个字、关云长单刀赴会、王宝钏苦守寒窑十八载……这都是我熟悉的戏啊，却也是那个时候史书一样的存在。更让我在意的是，竟然还有《宁武关》戏曲木雕，发生在忻州宁武关的那场惨烈战争，明代最后一任山西总兵官周遇吉被乱箭射死，明王朝岌岌可危，这个故事竟然就这样静卧在晋南的乡村里，历史之隽永真是意味深长。

要把对美好生活的祈愿雕进去，福禄寿三星高照、麒麟送子、八仙庆寿、喜鹊登梅、丹凤朝阳、连连有喜、三阳开泰、喜禄封侯，华丽丽地立在那些院子里，人们一抬头就可以看见，就可以从心里绽出微笑。

要把田园野趣雕进去，琴棋书画、渔樵耕读、胡人驯狮、博古图、风竹惊鹤图，都出现在门额、斗拱间，还有一副对联，"庭前寻杵答，牖下听鸡谈"，多么富有田园气息。

错落有致的丁村古民居

也要把警示训诫雕进去，贪吞太阳图、鹬蚌相争渔人得利，雕刻得有力又严肃。

门额是重要的，不能放过，丁村民居本就是以丁氏家族为主建起来的村落，那便把家族的美德与价值观放进去，"承先德""培世泽""宇坦心摅""揖山居""居之安""大有年""吹豳雅""赋爽垲"

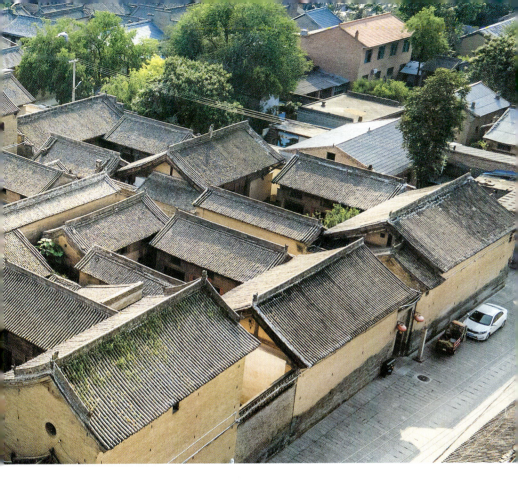

　　"耕读传家""克己复礼""居仁由义""履中蹈和""积厚流光""省三惇五"……真像一本中华传统的教科书，非有诗书在腹而不可得。

　　想看戏，还要搭一个精致的小型戏台，任那些老艺人在这里"出将""入相"。

　　在这并不大的空间里，或许举人、伶人、农人、商人与匠人都曾在空地上相谈甚欢，眼见着木雕、砖雕、石雕就一日日繁复地出现在他们眼前，以至于他们都会在月光下连酌几杯清酒。

用了300多年，一座明清古村便坐落在汾河边了。到今日，一踏入丁村，便能感觉时光遗失了，我们穿梭在明清的浓浓古意中，仿佛还能听到读书声声震屋瓦、听到算盘珠子拨拉得震天响，也能听到蒲州梆子在回荡。

那些庭院错落有致。因为丁姓人家崇尚五世同堂的生活，也是维系宗族的观念使然，他们就把自己的住处建成院子套院子，门和门之间曲径通幽。这"曲"与"幽"，导致今日的我们来了，都会在差不多的院子里迷路。

也许只有丁家人才能清晰地辨认出每一座院子的归属，反正我到这里就会晕头转向，好在现在的管理者给它们编了号。一号到四十号院，各有各的名字，各有各的风光。

有几个院子值得一说。

二号院，是明万历四十年（1612年）建起来的，和三十号院子一起组成现在的丁村文化陈列馆。丁村出土的文物和有关展览都在这个院子里，在这里可以看到精心布置的10万年前的场景。

三号院，是明万历二十一年（1593年）建起来的，是个"老资格"。陶富海先生住在三号院里的西厢房，几十年如一日坚守着寂寞，古色古香的民居，与这个集考古、文化、书香于一体的帅老人，是相得益彰的。有的人比较迷信，说老院子里"不干净"，但他不曾怕过，或许是因为他一身正气，鬼神皆避吧。将来谁若想让他搬出这个院子，我想，连远古的丁村人都跟他急。

十号院，是道光二十一年（1841年）建起来的。丁溪贤曾于嘉庆六年（1801年）中举，买了块地想安居读书，谁知愿望未能实现便辞世，他的两个儿子丁庭㭊、丁庭柱就建起这座院子，算是完成了老人的遗愿。如今走进丁村，一眼就能看到大水池（当地人叫泊池），水池边就是观景台，观景台立于高楼上，有廊有柱。实际上这个观景台是正房的背面，不过是对外开出一个空中楼阁似的空地，

观景台，立于高楼上，仿如空中楼阁

十一号院牌坊，精致威严

类似于我们今天的阳台。在观景台上不仅可以看到村子中的广场，还能看到远处的"野旷天低树"，自有一番生趣。

十一号院，是乾隆十年（1745年）建起来的，是监生丁坤的院子。今天我们走进丁村民俗博物馆，主要是看这座院子。这座二进院，门外左侧还有木牌坊，牌坊上镶嵌了两道圣旨，丁坤有个孙子叫丁溪莲，圣旨就是乾隆颁给捐职州同丁溪莲的祖父母丁坤夫妻以及父母丁嘉铨夫妻的，旨文的大意就是他们培养了一个好儿子好孙子。

……

一院套一院，寂寞梧桐锁清秋，而寂寞清秋的源头在元末明初。

改朝换代，那时战乱频繁，民不聊生。

汾河河滩上，荒草乱蓬蓬，一片凄凉。有一对夫妻，从千里之外的古济阳（今河南省兰考县境内），逃荒来到这里，平展展的汾河一时让他安下心来，荒滩未必不是沃地，他们决定在这里定居。开荒地、建茅屋、种庄稼，当然也生儿育女，人类生存其实也没那么难，有河便有了一切。

这对夫妻是丁氏家族的始祖丁复。

丁氏家谱中有"始祖以一身而兴此户口之繁，非积累之厚，何以枝茂流长若斯也"的记载。

丁复没想到，不仅村庄，几百年后"出世"的远古人类也将冠以己姓。

丁复也没想到，老家的人都追随他，千里奔此安家。

　　此心安处即是吾乡，丁姓人在汾河边的土地上经营出一派繁荣的景象，尤以丁复这一支为最，他们兴稼穑，考科举，渔樵耕读，过着红红火火的生活。当然，与多数人一样——有了钱就修房盖屋，修呀修，盖呀盖，聚成一个大村落。到了清代，丁村人还融入晋商群体，有的捐了官，房屋也越盖越奢华，村子也越来越大，成为商、农、官并存的村落。

　　这四大民宅建筑群组，以建于明万历三十三年的村中心的"观音堂"为领首，以丁字小街为经纬，分布于四方。观音堂前，东、西、北三条路口曾各竖石牌坊一座，东坊曰"慈航普度"，西坊曰"汾水带萦"，北坊曰"古今晋杰"，观音堂背靠的是万历三十三年凿挖的天池，正中悬"观音堂"匾额，两侧各悬"德水常清""宛然南海"金匾，石柱楹联上为"殿座池塘漫云宝筏消途少"，下为"堂临冲要俱是金绳引路多"，系中院捐职州同丁溪莲之父丁嘉铨的手笔。再后，以道光年间为中院举人丁溪贤所建的"观景楼"为屏障，以正面三座牌坊为前界，形成了一个前有三坊相拱，后有高楼为屏的丁字形小广场，是丁氏族人的聚会场所。每年春节元宵，张灯结彩，架设鳌山，锣鼓喧天，灯火辉煌，高高树立的门灯架上的"天下太平"，在灯光照耀下闪闪发光，人们扶老携幼，前呼后拥，一派赏心乐事。当年之盛，可见一斑。惜牌坊现已不存，唯留空堂一座屹立池边，充作曾是红火天地的见证。

——陶富海《丁氏家族与丁村》

陶先生写的是曾经的生活，就在这院院相套的深深庭院里，丁氏一族绵延发展，有的血脉兴起，有的血脉断绝，就如同这保存完好或已全部拆毁的民居，这是世间常态。丁氏家谱虽已保存，建房的丁氏人却早已尘归尘土归土，但消失了的那些人把自己的荣耀和微不足道留在这些让人珍爱的一草、一木、一砖、一瓦上，他们不知道的是，同时他们也留下了农耕文明最后的辉煌。

陶先生是奔走呼吁抢救下二号、三号院的人，自那以后，古村落的保护便顺理成章。他思维敏捷，思想开放。他不眷恋旧时光，但他却与我们飘然逝去的农耕文明有着骨子里的关联，还有谁能比他更懂得一个木雕、一个牌坊、一个柱础、一个铺首的深刻含义？

考古发现，丁村闻名

第二次到丁村，我搁置了那些奢华又低调的古民居，离开人员密集的房舍，跟着陶富海先生照着二号院子的文化陈列，向南到荒野中去。

我走的路，是考古人员走的路，也是丁村遗址的发现之路。

"100号，100号呢？"他一边走，一边问旁边的人。

树木掩映的古人类文化遗址

神奇的 100 号地点

"在前面，别急"。

我跟着他走过荒地和坟丘，走过树林和灌木，走到了一处土崖旁。初冬的景色总是有几分萧瑟，但对我来说，却是热烈的。那土崖边的草已枯成土色，有一处凹陷进去，有许多小孔，陶先生说："当年就是在这里发掘的啊，这两边都是曾经的遗址点……"

我的热烈源自我的想象，就在这里，曾经活动过许多人，手握考古铲，蹲在崖畔上，一点点掘开了一幅远古人类的生活场景。

考古人的欢笑惊动了汾河。

汾河，是汾河。

这处土崖下，就是汾河。这条河已经流了约三百万年，从上新世晚期一直流到改天换地的现在，这么长的时光，河流还是第一次见到考古和考古人呢。我站立的地方，左边是考古人的发掘地，右边是清澈又温柔的汾河。这河，从宁武出发，穿过忻定、太原、临汾盆地，一路走到了我的脚下。向远望去，能看到河流是拐了一个弯才走过来的。河水总是选择相对容易的地区去走，尽管它的力量可以排山倒海，可以水滴石穿，但这也正是河的智慧之处呢，积蓄、赋能、不争，我国古代思想家老子早就说过了。

这河水，如此的清冽，弯弯曲曲流向远方。我情不自禁地踩着落叶，听着落叶的"飒飒"抱怨声，连蹦带跳地走到了汾河边。我看到河在笑，嫣然百媚的，把周围的荒草和鹅卵石、小树林都比下去了，那些事物不过是河流的从属。人是短视的，我看不到远方，只能看见河水和天空的水天一色，看到枯树在河里的倒影、远山和土崖的参差。忽而有"呱呱"声传来，接着一群野鸭惊起，掠水而去，似乎是在提醒我，这一切都是活着的，且活了无数个岁月，只不过"山中无甲子，寒尽不知年"。

那些关键的发掘点，都安装上了摄像头，安保设施保证了文物的安全。这些年，文物偷盗行为不那么猖獗了，和这样的设备不无关系。

陶先生看待这河、这崖、这景的眼神是那么的亲切，就像看待他养的那只小狗。这些，都是他生命的一部分。

时间闪现回 1953 年。

一个古老的国度，刚刚唤醒新的生命，中华大地上基建的浪潮一浪高过一浪，临汾一项国防建设工程开工了，这是丁村考古的时代背景。

丁村是采砂地之一，当时采砂队的总指挥是临汾行署副主任郑怀礼。

就在我站着的地方，挖砂工人总是能发现一些骨化石、石片、石块，有人就把挖出来的骨头当成"龙骨"去卖。

这个场景熟悉不？再往前五十多年，京都有人卖龙骨，被王懿荣碰到，随后甲骨文出世了。历史总是惊人的相似，郑怀礼就是五十多年后的王懿荣，他听说卖龙骨之事，找到工地负责人，阻止了卖龙骨的行为。

这是个开始，随后便有一群人持续加入这个队伍，一同向着揭开古人类面纱的目标行走。

汾城县（现为汾城镇）原文教科科长程玉树，向采砂工人宣讲文物政策和化石在自然科学中的作用。

丁村完小教导主任丁阶三（古民居第十五号院子的丁氏传人），整理、封存、登记了发现的化石，并将报告送达山西省文管会。

王择义等人立即开展野外调查，并撰写了《汾城县丁村、曲里一带古化石勘察报告》。他们把发现的石片、石球写入报告中，并做出判断：

> 旧石器时代，人类和猛兽作斗争的石球，发现于丁村附近的沙砾层中，是符合人文地理的，因为人类要生活，自然要住在水滨，其使用之器物，遗留在这里，也是可能的。

王择义的判断被一个专家否决了，但王择义不死心，恰逢中国科学院古脊椎动物研究室的野外考察队到垣曲县调查古脊椎动物化石，在太原盘桓了几天。王择义就把丁村化石和自己床下珍藏的旧石器标本都拿给考察队负责人周明镇，请他辨识。周明镇把这些标本带到了北京。

当年11月，古脊椎动物研究室举行座谈会，专门讨论丁村化石。参加人员有杨钟健、裴文中、贾兰坡、夏鼐、袁复礼等人。这些名字如今看来，都是"镀过金"的，在中国历史长河中闪闪发光，我们只要研究考古，就会与他们从各种角度相遇。

裴文中一看这些标本，连连叫好，贾兰坡也是爱不释手，专家们的目光和双手一刻都没有离开化石。这个意外发现，让考古学家们异常兴奋。

"专家们认为丁村发现的材料很好，意义重大，确认了丁村是第一处由中国人自己发现的旧石器时代文化遗址，"陶富海先生说。这是丁村石器第一次接受专家"会诊"。

鉴于此，古脊椎动物研究室将丁村作为1954年野外工作的重点。

当时，贾兰坡给王择义写信，信中说道：

> 周先生带回之材料均为旧石器，十分重要，石球及石片均为人工打制而成，痕迹甚为明显。由既有石器之性质观察，可能为旧石器时代中期之产物。

王择义收到信，露出了灿烂的微笑。

从此，丁村显示世间。

从郑怀礼开始，这里出现一长串名字，这一趟发现之旅，若有一个环节出现差错，便到不了今天。比如说，郑怀礼即使听说有石片、石块、龙骨，也意识不到它们的重要性呢？比如说王择义，被某一位专家否定后，这位半路"出家"的人，依然把化石藏在床下，等到周明镇的到来。如果他在被否定中丧失斗志，就不会有化石传递到旧石器考古学家裴文中的手中。

但上天眷顾，这一长串名字的主人都各怀使命，共同托举起汾河边的丁村。

同样上天眷顾的还有我，我在汾河边行走，同行的人捡起一块大大的化石蚌壳递给了我，我把它带回了太原，就像曾经的王择义把化石带到太原。我无法判断它的年代，但有这个远古蚌壳，我便有了写作的底气。

发掘成果，承前启后的旧石器中期遗址

对了，丁村这里的汾河东岸，之所以是采砂地，是因为地质地貌。

汾河自三百万年前生成后，河道几经变迁。在数百万年的发展过程中，汾河由曾经的河水泛滥向相对干旱发展，到晚更新世，汾河西岸有了许多二到三级台地，台地上堆积有浅黄色黏土，黏土下部被命名为"丁村组"。进入全新世，汾河西岸以及山前地带，出现一二级台地及只有大水才可以漫过的河滩。全新世的地貌，就是我们今天看到的样子，尽管也有变化，但大致不会变。全新世之前的地貌就是远古人类生活的场景，河流漫过的地方，沉下了沙子，于

是在 20 世纪作了基建用途。

采砂的人们，当然不会想到他们会在这里与古人类相遇。

丁村，为什么会被人们认为是第一处遗址呢？

此前，李希霍芬在中国进行了七次地质考察，中国 18 个省区的山川河流都留下了他的足迹，他认为，在黄土堆积的 260 万年里，气候干燥，黄沙漫漫，不宜人类生活，北方不可能有旧石器时代人类存在。

但 50 年后，这位德国人的推断就被法国人推翻。法国人桑志华，1914 年以传教士身份进入中国，在长达 25 年的时间里，一直在北方各省调查。1919 年，桑志华在甘肃庆阳同样遇到卖龙骨事件，随后他发现了中国出土的第一件旧石器——一块石核，形如锥状的手斧，距今 1.8 万年。

1929 年，裴文中在周口店发掘出北京猿人头盖骨化石。

之后，中国进入战乱年代，旧石器考古停滞了。

战火纷飞，国民罹难，面壁百年图破壁，终于迎来了一个国家在东方的崛起。考古人可以奔向自己的路途和使命，他们也没想到，那些心心念念的旧石器考古会出现在丁村，而且伴随着汾河的故事一路前行。

此前的旧石器是法国人发现的，裴文中发现的北京猿人头盖骨化石也不知去向。中华人民共和国成立后，考古人首先就发现了丁村，由此可见，自己发现、自己挖掘的第一处遗址该有多么受瞩目。

回望，叹息，心潮澎湃，但我们还是要回到黄土中来。

既然已被列为野外考古重点，那就挖吧。断断续续，边挖边研究，这一挖便挖了60余年。

3次60余年，这是丁村的计量数字，我们还可以用这样的数字回溯历史。

第一次发掘，1954年开始。

当年9月，由中国科学院古脊椎动物研究室牵头，有28人参加的考古队从北京抵达丁村，发掘队里有裴文中等专家，贾兰坡是队长。

他们来到丁村，甚至来不及环顾一下自己生活的房屋和村庄，就急火火地奔赴野外调查。北起襄汾县城，一路向南，南寨、曲里、柴庄，长达11千米的汾河河谷和河边台地上，都留下了他们充满朝气和喜悦的足迹。当然，丁村是中心。

调查，试掘，一点点一铲铲去尝试，黄土覆盖的带有化石的沙砾层渐渐露出，紧接着一个个争先恐后地跳出来。从54：90到54：103（54是年份，后面是发掘地点排列），发掘点有14个，铺排在人们面前。

就在这长长的河谷上，丁氏族人跟着考古人开始了自己奇特的工作经历，捡沙砾、过筛子、运沙土，他们虽然不知道他们也在为丁村创造奇迹，但这与平时农活相似又不同的事情，还是让他们干得很起劲，因为他们从考古人的脸上、眼中看到了巨大的、有所克制的兴奋。参与这次发掘的考古人中，有一个人叫丁来普，后面我们还会提起他。

喜悦和兴奋是会传染的，陶富海先生就写过曾经的欢乐。

那年 10 月 15 日，一枚古人类右上内侧门齿被王择义发掘出来，接着又有一枚右下第二臼齿出土。古人类化石的出现惊动了北京的专家们，杨钟健、贾兰坡（当时回京探亲）、周明镇紧急赶赴丁村，山西文管会主任崔斗辰也来了。齐聚的那天，他们改善了伙食，还举行了联欢会，丁村的夜空被他们点燃，猜谜的、唱歌的，笑声高过河谷，竟然还有人唱戏，他就是我们前面提到过的王择义。王择义弹着三弦琴，唱着眉户，发现的快乐，实证的快乐，都写在他的眉间、心上，他弹着唱着自得其乐。眉户婉婉，听得惯的听不惯的，都醉了。欢乐持续至深夜，此刻的我仿佛还能听见。

后来我不止一次见过这样的联欢会，那是枯燥的考古生活的调剂和释放，我很喜欢这样的欢乐，以至于后来在吉林大学师村考古队还高歌过一曲《精忠报国》。

第一次发掘持续了 52 天，石制品、脊椎动物化石、鱼类和多种软体动物化石都一一出世。最重要的是，在 54：100 号地点发现了 3 枚古人类的牙化石。专家断定，这里的人类处于北京猿人和山顶洞人之间，距今 10 万年左右。

自北京猿人头盖骨化石在国难时丢失之后，这是专家们第一次见到大遗址和人类化石，而且接续了古人类的生存时间，他们的心情可想而知。

这也就能理解陶先生刚走过来时，一直问100号地点的缘故，那是丁村考古的明珠，这个地点不仅有人类化石，还有石制工具和动物残骨，陶先生是深刻理解前辈们的快乐的。

> 第一次发掘，奠定了丁村文化在中国旧石器时代文化考古学中的重要地位，确立了丁村文化在中国大陆古人类发展史的中间环节地位，具有非常重要的科学、学术与历史价值。
>
> ——陶富海、田建文《彼汾一方　临汾史前文化研究》

丁村举世闻名。

1975年，陶富海先生接到上级通知，来到丁村，谁能想到这一扎下去，就是48年。他把青春、热血、才能、智慧都给了丁村，到现在完全可以颐养天年了，但他依然住在丁村，与丁村融为一体，不能分割。

那一年，面临100号地点会被洪水冲毁的危险，国家文物局批准对丁村遗址进行保护性抢险发掘。

1976年8月，山西文管会成立考古队，第二次发掘丁村遗址。这次发掘继续出土石制品和动物化石，还发现了一块古人类的右顶骨化石。经专家鉴定，这是一块人类幼儿的右顶骨化石，还是在100号地点发现的，陶先生说这是一块神奇的地点。

1977年至1978年在河对岸新发现的地点进行发掘，出土了距今2.6万年的细石器，那些细石器很漂亮，像玉石一样。

10万年前的旧石器，2.6万年前的细石器，不同类型的石器叠加在这里，是传承，还是更替？考古人没有给出答案。如今这些石器，已挪移到临汾市博物馆里接受人们的"检阅"，可它们依然无语。

2011年开始，省考古研究所和丁村民俗博物馆进行第三次调查和发掘，他们称之为"丁村旧石器考古3.0"，这次发掘一直持续到2020年。考古人在汾河东岸近20平方千米的范围里调查，随后发掘了老虎坡、过水洞、九龙洞、洞门等几个遗址点，发现了大量的人类遗迹和石器遗存，其中过水洞遗址距今30多万年，说明了在几十万年的时间内，丁村人一直在塔儿山向汾河谷地过渡的黄土台塬地区活动（参考王益人《从"河流阶地"到"黄土台塬"》）。

3次60余年，是当代考古人的数字；旧石器时代中期（10万年前）、旧石器时代晚期（2.6万年前），甚至再往前推的30万年前，是丁村人的数字。可这些数字丝毫不冲突，不同时期的遗址分布在汾河两岸，以期让世人铭记并不断地谈起。

要知道，在丁村遗址未被发现之前，中国只有北京猿人（距今约70万~20万年）和山顶洞人（距今约3万年）的出现，中间环节的人类化石和文化没有被发现，"中国文化西来说"甚嚣尘上。但丁村就像一道暖阳，喜滋滋活泼泼地照在10万年乃至30万年前的中国大地上。

据研究，古老的丁村人，是土生土长的中国土著，他们在这里繁衍进化，创造了10万多年前的远古文明。随着旧石器遗址的相继发现，在中国超百万年的文化根系中，丁村又是继西侯度、匼河之后的中国早期文明发祥地之一，丁村人是介于北京猿人和现代人之间的早期智人。因细石器的发现，丁村遗址又和柿子滩、下川等遗址一起，经历了从旧石器晚期向新石器的过渡阶段，力证了中国古人类几十万年间连续发展并创造自己的文化，有自我发展谱系。我们善良且中庸，不与人多争辩，只以数据和事实说话，"中国文化西来说"慢慢销声匿迹。

10万多年前的遗址，后来多有发现，但丁村遗址与其他遗址不同的是，它是"第一处"，因此在考古和历史上具有双重意义。

古丁村人的生活

时光回到10万年前。

汾河就在此处流淌，就如今天一样的波平如镜，所不同的是，那时气候真好啊，天蓝、云白、水青、草绿，人和动物、植物在这里和谐共生。

相对干燥凉爽的气候，是适合当时的丁村人生存的。他们生活的周围有藜、有蒿、有莎、有松、有杉。人群集聚地附近有山，山上有树木，山下有草原。许许多多的动物生活在这样的环境中，有狼、貉、狐、熊、獾、鬣狗、鼹鼠、野驴、野马、披毛犀、梅氏犀、野猪、赤鹿、葛氏斑鹿、大角鹿、羚羊、水牛、原始牛、德永古菱齿象、纳玛象、印度象、河狸、鼠兔、龟鳖、鸵鸟等，这些动物约莫是不怕人的，在山里河里自在来去，直到死亡或灾难来临。

人类上山采摘，下河捕鱼，捕获动物打打牙祭。闲下来，会琢磨一下自己的生产工具，这一琢磨，石器就变得越来越多样和精细，锤打出一个大三棱尖状器去刨掘土地、砍割植物，造一个石球去砸碎食物和追撵动物，砸一个石核还能用来取火。工具越好，他们也变得越聪明。

火光中、河面上，映出过丁村人自得的容颜，虽然生活总有各种困难，但他们基本是快乐的，没有钩心斗角、没有阴谋诡计。

纯粹的人，澄明的境……

陶先生写过一篇《披毛犀的复活》，看得我差点泪崩。

他写得那么有画面感，我简单复述一下。

就在清冽的汾河上，万物安然，一只小披毛犀出生了。一岁多时，这只小犀离开妈妈，跑到波光闪烁的河中玩耍，谁知深陷河草中，再没有出来。十万年过去，考古人来到这里，就在100号地点，清理出一只披毛犀骨架。后来，这副骨架，成了北京自然博物馆的一个镇馆之宝。他在文章最后说："披毛犀十万年前就死了，但它在新的光明中得到了新生，它其实没有死，它得到了复活……"

陶先生竟然把小犀离开妈妈的痛写得那么真，那么伤。我甚至想象得到他望着北京的方向，默默地想念，或许他还想过，让那只小犀回归故乡。

虽然难过，我也知道陶先生是在复原十万年前的场景，一叶知秋，披毛犀如是，其他动物如是，古人也如是。

到现在，所有的动物复原模型或场景模拟，都放在丁村文化陈列馆里，只是真心寻找并懂得它们的人却不多。

归去来兮，丁村

"曾经的采砂场，考古发掘后，回填吗？"

"后来就完全关闭了，并不回填。为了解决建房问题，他们都改用河沙，不再去遗址挖沙子。"

"使用细石器的丁村人，去哪儿了？"

"走了，后来他们生活的地方成了汪洋，他们迁徙了。"

"去了哪里？"

"不知道。"

"那最早的丁村人又是从哪里来的？"

"你肯定知道苏秉琦先生的'Y'字形文化带，远古人类循河流移动，相向迁徙，在丁村集结。"

我当然知道苏先生的"Y"字形文化带，这是渭河入黄河，经汾河通过山西全境，在晋北向西连接河套地区，向东北经桑干河到冀西北，再向东北到大凌河流域的大通道，这是中国文化总根系中的一个重要直根系。我还知道苏先生的区域理论，人类就是在这样的移动中交流、碰撞、融合。中国历史就是一部融合史。

苏先生的文化带是谈新石器文化的，而陶先生认为，十多万年前，以狩猎为主营的小石器系统和以采集为主营的大石器系统，也是沿着这条"带"相向迁徙融合汇聚于丁村。丁村是结点，也是源点。

到7000年前，丁村有了会制陶的人，经西阴文化过渡到陶寺文化。随着中国历史的发展，丁村也一直寥寥落落向前走。一直到明清，迎来了古村落古民居的建设热潮。

1954年来丁村的那些考古人住在哪里？陶先生说，在丁村土布作坊对面道光十六年（1836年）的四合院。我竟然没有走到，再问，已拆毁，确实已毁，没有什么会停留在原地。陶先生在寒冷的风中，出门给我拍视频，告诉我那座倾圮的院子是什么样子。原来，裴文中、贾兰坡等那些鼎鼎大名的人，曾经就住在这里，与那些丁氏族人面对面，每日太阳升起，走出门来，见面都会微笑着寒暄，然后一起去挖掘那些老祖先的骨殖。

古老的丁村人在这里使用粗放的石器，8万多年过去，这里的人又学会了使用和制作细石器，摸索着种植，迎来了农耕文明。枣园文化、西阴文化、陶寺文化，不同程度地席卷这个村庄，他们制陶、纺织、祭祀，欢悦或者痛苦，生来或者死去。等到元末明初，又来了个丁复，创造了亦农、亦官、亦商的小型聚落。工业社会来临时，村庄不再是先前的样子，水泥和玻璃在太阳下闪着冷光，再没有了曾经的温馨、繁复和匠心。

铁打的陶富海，流水的客人。丁村接待过太多的游客。曾几何时，外国游客和专家也频频光顾，但那天陶先生说："不来丁村后悔，来了更后悔。"我听得出他在自嘲。来丁村参观，你要做好充足的功课，才可以懂得它的迷人之处。

陶先生最喜欢的还是那些来过又离去的人。2014年，他接待当初来挖掘的专家吴新智（1999年当选中国科学院院士）时，就曾热泪盈眶。只可惜，不是每个人都能有幸重返故地，只有他还守着这里，如同山间老松，如同万年蚌壳……

河东盐池

一池洪荒，中华盐宗

涑水西南径监盐县故城，城南有盐池，上承盐水。水出东南薄山，西北流径巫咸山北……其水又径安邑故城南，又西流注于盐池。《地理志》曰：盐池在安邑西南。许慎谓之盬。长五十一里，广七里，周百一十六里，从盐省，古声。吕忱曰宿沙煮海谓之盐，河东盐池谓之盬。今池水东西七十里，南北十七里，紫色澄渟，潭而不流，水出石盐，自然印成，朝取夕复，终无减损……《山海经》谓之，盐贩之泽也。

——北魏地理学家郦道元《水经注》

雍正十二年（1734年）冬天，河东盐池迎来了自己的又一位执政官员。盐池自岿然不动，风尘仆仆的只是这位生于山西兴县，成长于翰林院，历经康熙、雍正、乾隆三朝盛世的诤臣孙嘉淦。

盐池的风和景，肯定让他平添几分豪情。中条山下，一边是从山上流下来的山水，一边是亘古的盐水，碧波万顷，难分伯仲。花只能开在淡水这边，盐水那边开出的只能是晶莹的盐花。条山巍巍，包容着盐池的任性或骄傲，他们相守千万年。碧波中，还有一洼又一洼的小池，人类使用过的痕迹都留下了，以五彩缤纷的绚烂图画显世。色彩美，气势雄，南风吹拂，平展展的湖水几十里铺过去，怎能不感到"荡胸生曾云"？

孙嘉淦学富五车，"货与帝王家"，无论走到哪里都要为国为民建一番功业。做了盐政，要治盐，治盐，先得知盐，于是，孙嘉淦开始了考察。

一身飞禽补子官服，一双布靴，走在环绕盐池的长路上，走在长达百里的禁墙边，走过盐官盐丁的身旁，走在中条山下，走在涑水河边。他用脚步丈量盐池，他用心胸接受建议。一步又一步，一天又一天，池里的水草也曾让他心旌摇摆过，阳光下的那些蒹葭也曾是他的心头好。

《河东盐池之图》

孙嘉淦首先看见的是那幅刻在石头上的图，碑上刻图，本来就罕见，况是前朝遗物。这块河东巡盐御史吴楷于明万历二十五年（1597年）刻下的碑，高1.03米，宽1.7米，矗立在池神庙，世人谓之《河东盐池之图》。

他也许曾在这幅图前凝神良久，这幅图真是好，山、湖、人、庙、井、泉，栩栩如生，盐池所有的地形地貌都在其上。蚩尤村、西姚村、常平村、运城、姚暹渠、解州城、禁墙都在。中条山在上面，涑水河从下面流过。

生动亦悲苦。

凝视久了，他就把吴楷刻在碑上的《南岸采盐图说》记得滚瓜烂熟。他试图通过这短短的碑文，隔着137年的时光，与明代的吴楷达成精神上的一致。

盐池南北七里，东西五十余里。其近南岸者，水颇澹，盐花罕结，下多黑泥，俗名黑河。云蕤宾之月，忽报盐生于黑河，采者苦之。余不任耳，而任目也。诘朝往视。有司者以地险辞。乃易衣乘肩舆，肩者、持者、拽者、导者计二十余人。日中始登彼岸。黑河阔一里许，洵无驻脚处，亦无所谓盐床也者，而乃风来水面，花聚池心，始疑浅红映白，俄警飘璃堆琼，开金镜于琉璃，挂玉绳于云汉，使所谓尘世仙境，恍然近之矣。于是，叹造物之无尽，惜关利之见遗，瞩南征之匪易，酌北岸之可移，驱万夫于水上，垒垒乎若银河之连珠，载筐载筥，是任是负，持挨以趋盖，将不遗余力焉。乃冒暑日之薰，盐水之瀸，僵仆之灾，饥渴之害，吁可胜言哉！人曰解盐非由人力，盖未睹前苦耳。志亦有之："临池吁且，炎暑薰灼，且勤且惧，手足俱剥。"庶几知采盐之苦者。若采盐于南岸，其苦倍之。歌咏难述，是用绘图，而为文说。呜呼，后之观斯图者，宁不恻然，思有以恤之哉！

——万历丁夏月毂旦南华吴楷识

　　吴楷还算是个不错的御史，有司告诉他这里不好走，他坚持要自己去看一看，一路上，有20多人跟随，中午才好不容易到对岸。可想而知，得走到对岸去，才能看到黑河。他在对岸虽没找到落脚的地方，却看到了一幅美景：风吹过来，盐花都聚集池心，开始看着白里透红，一会儿就像美玉堆积在一起，琉璃上开金镜，云汉上挂玉绳，真是人间仙境。叹息过造物主的神奇，就看见上万人在水上，背筐负重运盐，人都被压弯了，吴楷这才明白，人们都不知道这采盐之苦啊。言语难表达，就画个图吧。

吴楷画图也是苦心孤诣，希望后人观此图能对这景这人，生出恻隐之心。

记下图说，也记下图，就可以去按图索骥了。

世间独有池神庙

既然做了盐政，就得先来拜池神。孙嘉淦迈步走进了池神庙。

池为神，也是独特景观。

池神的演变史，孙嘉淦知道，毕竟也是在翰林院熟读经史。

远古洪荒，盐池里的卤水，风吹日晒，自然蒸发，结晶为盐，这多么天然。但天然的现象如果没有人类参与，就觉得说不清楚，必须赋予它一定的创造，那就造神吧，人们把对盐池的神秘猜想，化为最早的盐宗。

到了唐代，阴雨连绵，破坏了盐池生产，户部侍郎韩滉担心盐税收入减少，会受到责罚，就上奏说，盐池产出红盐，这是祥瑞之兆呀！唐代宗闻之大喜，赐盐池为"宝应灵庆池"，并封掌管盐池的神为"宝应灵庆公"，还大兴土木，建起池神庙。

到宋徽宗时又把盐池东池之神封为"资宝公"，西池之神封为"惠康公"。

元代元成宗又把东池之神封为"永泽资宝王"，西池之神封为"广济惠康王"。明代，朱元璋这个乞丐皇帝不来那些文绉绉的，直接封为"盐池之神"。

除盐池本身，其他泉池之神也有加封，宋崇宁年间，就把盐池边一个甘泉之神，封为"普济公"。

众神安在，千年来，庙宇稳稳当当地立在卧云岗上。

孙嘉淦一步一步按庙宇形制从北向南，听随行人员详细解说。

池神庙是明代遗构，三座大殿屹立在宽宽的底座上，有廊有柱，重檐九脊十兽歇山顶。殿顶的琉璃在太阳下反射着蓝绿弧光。那些小兽们呆萌呆萌地骑在檐脊上，望天沉默，它们都是无家可归的小家伙，硬生生地被人们安排了各种功能，守护建筑，也守护神灵，可谁知他们也需要保护呀，风吹雨淋日晒雷击，随时都有可能粉身碎骨。三座大殿中间为灵庆公神祠，东边为条山神祠，再往东是太阳神祠，西边为风洞神祠。另一个院落还要祭拜关公。这样的神祇安排，也是世间独一例的，山川河流都已成神，他们身份不同，却在这里和谐存在，各司其职。

三座大殿往下走过拱门，就是海光楼。孙嘉淦还在翰林院时，就知道圣祖康熙曾经来过。那是清康熙四十二年（1703年）十一月初八的事儿，圣祖驾临运城，华盖如云，鸣锣开道，仪仗威武，百姓布满街道，山呼万岁。初九，圣祖驾临盐池，进了中禁门，拜过池神，就站在了海光楼上，龙目巡视过盐池的波光如镜。之后从西

奏衍楼，如此大规模的戏台并不常见

禁门出，到了解州关帝庙，祭拜过之后，加封关公为"忠义神武关圣大帝"。不过，圣祖来时，孙嘉淦还在兴县县学里作生员，读书之余还得上山砍柴。想想昔日情景，他也愿意在民生上与吴楷共鸣。

海光楼背面是大戏台。如此大规模的戏台并不常见，"奏衍楼"匾额悬挂在斗拱下，那些老伶人都曾在这里"出将""入相"。

海光楼前有石碑，元碑明碑都有，记下了封池之事，也记下了劳作之事。

再迈步往南走，有舜帝弹琴处，有歌薰楼，在歌薰楼上极目"海"天舒，苍茫茫一片水域，湖水长天一色，山色水域如黛如银。远远的，芦苇孤雁，自成一番景致，碧空尽，空自流，看不见的神踏足在每个微小区域，那是他们的领地。

楼外有泉，就是"普济公"，清亮的泉水汩汩而流，这水，是淡水，是盐工们的命。此泉西边还有一处野狐泉，也名哑姑泉，唐代元稹最少来过两次，观泉赋诗：

去日野狐泉上柳，紫牙初绽拂眉低。秋来寥落惊风雨，叶满空林踏作泥。

泉上春秋景致如此不同，莫非也是唐时之景吗？这两处泉水，由此便有了更多的雅致。

池神庙是盐池的守护？还是相反？神的存在抚慰了人，还是人的生存让神可以长存？孙嘉淦也许问过，但没有答案。

传说与神迹

有神迹，也有传说，这一点孙嘉淦非常理解。远古而来的盐池，神秘而又尊贵，再加上晴天雨天各自呈现出来的异象，也不可避免地诞生神话，神话也是童话，那是远古先民对洪荒世界的一种美丽

舜帝弹琴处，《南风歌》起

畅想。

在那个茹毛饮血的时代，出产什么样的神话，其实都是很朴素的，朴素的世界观与朴素的先人互生互长，让人心生感动也心生敬佩。先人们郑重亦顽皮。

喋喋不休的讲述中，孙嘉淦也捋清了来自遥远时间的三个传说。

其一：天宫有头神牛，偷吃了天上的盐，玉皇大帝很生气，后果很严重，就把神牛贬到了人间。神牛来到中条山下，受到了山民的热烈欢迎，于是神牛就安详地卧下，身躯化作了长长的盐湖。

其二：有头神兽麒麟来到黄河边，而人们不认识神兽，便要将这个怪物赶走。麒麟不高兴，离开时撒了几滴尿，就形成了河津那边的盐碱滩。麒麟又来到中条山下，看到山下风景不错，又撒了一泡尿，于是盐池形成了。这个传说可不怎么样，有点别扭。

第三个传说因为悲壮，一直被人们口口相传，印刷出版，搞得人们忘了前两个，把第三个奉为正宗，那便是蚩尤血化盐池。

蚩尤是九黎部落的首领，长得很怪，怪到什么程度呢？铜头铁额，人身牛蹄，八肱八趾，耳鬓如剑戟，头上还长着牛一样的利角。蚩尤部落扩张得太快，与黄帝部落有了利益上的冲突，黄帝与蚩尤遂战于涿鹿之野，黄帝九战九不胜，后来还是天女送来一个动物——夔，用夔牛皮作鼓，声闻九百里，这才一鼓作气，把蚩尤打败。蚩尤被黄帝斩杀，身首异处，血流入盐池，化为卤水。蚩尤身解，血将为他的子民所用，求仁得仁。中条山下的蚩尤村，据说是埋葬蚩尤身子的地方，解州之"解"，也是因为蚩尤身首分解。涿鹿，据说涿是黄河，鹿等同于卤。那场著名的涿鹿之战，是发生在这里吗？孙嘉淦在心里打了个问号。

黄帝战蚩尤不是独立的，还有关公战蚩尤的说法。宋大中祥符年间，本该是出盐最多的旺季，盐池却颗粒无收。盐官夜梦蚩尤，赶紧报给皇帝，皇帝让张天师对付蚩尤。张天师惹不起已化为精灵的蚩尤，就推荐伏魔大帝关羽来做此事。于是皇帝设香案、摆祭品，沟通大帝。只见雷鸣电闪，最终关帝斩杀蚩尤，蚩尤血又流入盐池。当地的锣鼓杂戏便有《关公战蚩尤》的戏码。

盐池有盐，人们是怎么开始大量生产的呢？

传说，有一个云游四方的和尚，来到盐池，在盐池边上修了个庵子住下来，探索盐的生产，实验了又实验，创造出产盐的技艺，并传授给当地人。盐工们为了纪念这个和尚，就把盐号里技术最高的人尊称为"老和尚"。老和尚在此地不是佛门尊称，而是个大工头。这里的老和尚们掌握了生产技术，手下还有老伴、二掌锨、三甲槽、四排子、小师傅等工头。一整套把头制度并不稀罕，但这工头们的名称却为盐池所独有。

生产、技术、宗教，人们把所有不可解的东西都化作神迹，留在了世上，成了遥远的历史中最模糊的那一部分，也是最美丽的那一部分。不必轻视它，孙嘉淦也不会轻视它。"鬼斧神工"的大自然，本来就充满谜团。

追不回的人类过往

孙嘉淦还想知道盐池的历史，他便在池神庙打开了旧时记载。

盐池生成，离不开盐的人们就会在此活动。远古时候，人们怎么来到这里，又有什么样的活动，书里没有记载。孙嘉淦能找到的时间线，已经到了周朝。

纸页间跳出来的有周穆王，他曾驾着八匹骏马来到盐池（《穆天子传》载："戊子至于鹽"）。春秋时的晋国有商人曾贩盐到繁阳（晋姜鼎与戎生编钟的铭文上有相关记载），晋国有盐，称霸春秋。贫民猗顿在这里养牲畜，贩盐，成了巨商大贾，猗顿走了，却在这里留下了猗氏传奇。汉武帝设盐官时，河东盐官是全国盐官之首，汉代盐和铁都控制在朝廷手里。还有曹操这人，不仅是个摸金校尉，还控制过盐池。

北魏时，有个叫元清的都水校尉，来盐池做了件好事：主持开凿了长达 60 千米的猗顿运渠。这条渠从夏县尉家洼起，经安邑、盐池至伍姓湖，这样的话，外来的水就没法侵入盐池，运盐车辆也不用长途跋涉，沿渠民众还能灌溉农田，益民益商，人们称其为"永丰渠"。

哦，北周时还开通了一条古盐道，可运盐到陕西，也可到河南的三门峡。

　　隋朝时，隋炀帝想从盐池获利，就派都水监姚暹重新开凿永丰渠。姚暹来时，永丰渠已经年久失修，岸裂了，堤决了，遍地泥泞，洪水淹了农田，也淹坏了盐池，盐池一经客水浇淋淹浸，就不能产盐，民不聊生。姚暹上任，夜以继日率民筑堤，引中条山横岭北的山涧水作源头，自然的流水从此流进了新开凿的渠里。这次开凿规模相当大，把旧渠修复的同时还加大加宽，光桥就架了32座。渠修好后，水源有了保证，且不再危害盐池，还可以用来调蓄盐池水位。盐运畅通，河东盐又源源不断地运往全国各地。人们感恩姚暹，就把这条渠命名为"姚暹渠"。姚暹的政绩与孙嘉淦的理想是一致的，孙嘉淦不由得目光在这里停留了好久。

　　唐朝，唐太宗驾临过盐池，唐代宗封过池神。这些孙嘉淦都知道，他还在翰林院时，就特别欣赏河东籍柳宗元《晋问》中提到的盐池："涣兮鳞鳞，逦弥纷属，不知其垠……偃然成渊，潒然成川，观之者徒见浩浩之水，而莫知其以及……"言语如此优美，如此有感情。

　　宋太祖时开始把河东盐供给南方诸郡使用。孙嘉淦油然而生几分豪情，山西之盐养育的何止是北方民众。早在宋仁宗时就有范祥改革盐法，那时商人可以从边地领盐引换盐，这才是明朝实行"开中法"的源头吧。没想到赫赫有名的包公也来过盐池呢。

　　到元朝时，盐运使在河东修庙宇、修城墙，做了不少事，这一点孙嘉淦也点头称赞。

帝国生成两千余年，帝王们都把盐牢牢地控制在朝廷手里，一直到明清因盐诞生晋商，一直到盐池百弊丛生，孙嘉淦来到这里。

一池洪荒

了解了纸上碑上的盐池后，孙嘉淦更想了解盐池本身，他走到了盐丁中。

人类刚进入农业文明时，只是把季节到了自然生成的盐，找人捞上来，那是称"鹽宗"的时代。但自然采集会受自然条件制约，比如说太阳，比如说南风，产量不高，盐味发苦，这就需要随着生产力发展而提高技术，人这么聪明，自然不会浪费才情。

垦畦浇晒法是在唐代形成的，也就是垦出一畦一畦的小池，待南风一来，浇入卤水，卤水搭配淡水，太阳暴晒五六天就可出一池盐。吴楷画的那条黑河，是天然的卤水，用黑河水浇畦，可产盐。黑河竟然这么重要，孙嘉淦这才知道。

有了人工介入，盐多了，收入也多了。

只是食盐如此重要，可盐丁太苦了。

《河东盐池之图》上，密密麻麻的盐丁就在孙嘉淦眼前，他忽然理解了吴楷作图的悲悯之心。

那时的盐丁，都是穷苦人，几乎历朝历代都是来服劳役的，他们春夏日都要暴晒在盐池里，吃不上穿不上，只能流血流汗，如果不是盐池边有淡水井，他们都得渴死在盐池里，只是还有家人要养活，只能不惜这条贱命。

不知人们把盐一批一批运走时，是否想过这是用盐丁们的血汗甚至生命换来的。从来，人们关注的就是花团锦簇，那些风雨下的小草，只能自生自灭。

南风吹过历朝历代盐丁们的悲苦。

中条山山岚如黛，孙嘉淦却顾不上欣赏美景，他要去考察盐道，从中条山下东郭镇起，经磨河、虞坂古盐道、古虞国、轵桥、太宽、八政、风泉口，到平陆圣人涧，再到茅津渡，盐就从这里上船运往全国。曾经，从茅津渡过中条山，再到盐池的这条虞坂古盐道上，行进过多少士人、商贩？累瘫过多少牛马？那是粮、是钱、是希望。

还有一条古盐道也得走走。从蚩尤村起步，经刘家窑、牛家院、上村、马村，到太阳渡上船，过黄河运走。这一条大概就是北周时开通的古盐道了。如今再看这古盐道，沧桑得像迟暮老人，每一条沟壑都积存着汗水、泪水与苦盐的涩味。

两条盐道，不分彼此，河东盐从这里走向全国。孙嘉淦走着也叹息着，盐政要做的事情太多了。

千里运盐，汲汲往返，该有一个城池存在，以满足朝廷祭祀和往来客商、治盐官员的需求。"元末，运使那海德俊再迁圣惠镇，筑凤凰城以资保障，而运治始立，名曰运城"。（摘自《河东盐法备览》）汉代盐池北边的一个小村，发展到元代成了圣惠镇，到元末因运盐而成运城。

站在中禁门往北，想象着可以看到凤凰城。"城周九里一十三步，广袤各四之一，高二十四尺，旧制为门者五，与今稍异……到明朝天顺二年（1458 年），运使马显改作四门，东曰放晓，西曰留晖，南曰聚宝，北曰迎渠。"城的建筑史远去，城的文化史在孙嘉淦眼前却清晰起来，从元代起，凤凰城起飞了，飞过几百年的风雨沧桑，华彩尾羽携古运风雷，灿烂于蓝天下，与运城人命相连、魂相牵，一直到眼前。

盐运之城，从这座城里走出的是商人，他们在城里的关王庙祭拜过，就踏上了用盐换钱的路。

河东人都知道猗顿因盐而起，在此之前，据说歌南风的舜帝也曾贩盐。孙嘉淦熟悉盐商，尽管明代之前盐商的痕迹淹没在帝王纪事之下，但开中法的实行，他都是知道的。开中法，粮食换盐引，首先得利的肯定是盐池边的商人，近水楼台呀。从唐代到明代，蒲州都是一个大都会，蒲津渡日夜繁忙时，也运盐。应该说，黄河沿岸近盐池的所有渡口都运盐。不知商人几何，只要看到渡口就知道盐运的繁忙。

展玉泉，接过父辈的盐运，独创"一日百里运粮术"，借助朝廷给予的便利，获得巨大的财富，有了钱，还买了河南商丘驿丞的官。

王海峰，把盐运生意做到了河北沧州，他向政府建议整顿盐制，后来他也成为富商。

范世逵，贩粮获得利润后，自己产盐贩盐，开了盐行。他善于抓机遇，并用自己的财富为朝廷和民众服务，获得非常好的口碑，兵部尚书杨博（京剧《大·探·二》杨波原型）就十分欣赏他。

……

河东商人靠盐起家，是浩浩明清晋商大军的源头。这些商人时时调整自己的经营策略，从盐走向多种经营，从河东走向全国各地，把河东盐的"涣兮鳞鳞"和"飘璃堆琼"送到了千家万户。明王朝是盐商的时代，到了自己所处的王朝，孙嘉淦知道晋商们依然活跃，甚至更为雄厚和壮大，如果有可能，他也愿意为老乡们出把力。

丈量过盐池的所有，孙嘉淦心潮澎湃，他看到了一池洪荒，也看到了一地沧桑，治理盐务的措施也就成竹在胸了。

孙嘉淦的盐政治理

孙嘉淦开始上奏折。

当初孙嘉淦被朝廷派到这里，是因为年羹尧由川陕总督兼任河东盐政，总督事务繁忙，无暇顾及盐池，导致百弊丛生，现在他终于可以大干一场啦。

远古而来的传说和神迹不能被毁坏，先人们付出过巨大努力的盐务不能被耽搁，国计民生都是需要考虑的。那就从积弊开刀吧，《酌减养廉疏》《弓兵工食疏》《公费羡余疏》《解州硝池疏》《盐池工程疏》《盐池禁墙疏》《盐池地租疏》《隐匿归公疏》《边关盐税疏》等奏折递上去，雍正也一一批复。

先拿自己盐政位置上的养廉银"开刀"——原来盐政养廉银13000两，孙嘉淦大笔一挥，减去5000两，留下8000两。西安将军、西安副都统、宁夏将军、宁夏副都统、四川副都统等人，都和河东盐政没有关系，竟然在这里领工资吃空饷，毫无疑问，减！孙嘉淦还将核减出来的银子，全部归公。这人不是一般的"傻"。

查实情况后，孙嘉淦把巡盐弓兵的工资提高了一倍。弓兵们欢欣鼓舞，于是卖力地日夜巡逻，盐池就没有再出现失窃的情况。

孙嘉淦还查出了盐池财务上的"小金库"，认为这大额银子不报备，留在盐池易滋生"挪移侵蚀之弊"，他就把小金库没收了。

解决了内部问题，孙嘉淦站在歌薰楼上，纵目四顾就盯上了禁墙周围的土地。他调集民工上百人，抢修禁墙倒塌的地方，把禁墙内的存土弄走，杜绝了攀缘私贩的可能。除此之外，他还在四周加筑了多条堤堰，让解州官员负责巡查和稽查，并随时接受盐政的访查，如工作不力，将会被参。

孙嘉淦还严查偷税漏税，除追缴税款外，还严厉处罚相关官员和不法商贩。

环境好了，路好了，盐工们有了收入，弊病消除了，一切都有了生机。当然，盐商们肯定也是获得了利益的。在《边关盐税疏》里，孙嘉淦谈到了边关人拿的是河东盐引，吃的却不是河东盐，于是他划定了哪些地方可食外盐，哪些地方可食河东盐，还对特殊情况进行了相关说明。

孙嘉淦几乎是事无巨细地堵漏洞，并能找出最佳解决办法。整肃了吏治，稳定了盐池生态，河东盐政一时肃清。

只可惜孙嘉淦来到这里不到一年时间，雍正驾崩，乾隆即位，雍正十三年（1735年）十月初，孙嘉淦被乾隆特召进京，离开了盐池。

荏苒千年，来盐池担任盐官的有几百位，他们做着同样的事，孙嘉淦只是他们中的一个，但也是很有成就的一个。以至于200多年后，他的画像和名字，端端正正地立在运城池盐博物馆里，等我寻来，一眼就看到了他。

盐池的骨，是对一个民族的支撑、养育和催化

在郦道元的地图上，盐池只是一个点。

浙江作家郑骁锋说，那是一池洪荒，"无论神话还是考古，一部中华史，最初的线索，几乎全部指向这池盐水。一个伟大的族群，原来竟发源于舌尖上那点咸味"。

一个浙江作家，却能用自己的创意之眼，破解山西的"盐"味，颇为难得。

2023年的冬天，我又来看这洪荒池。

池盐博物馆建起来了，还复建了一个歌薰楼。那些水、那些堰、那些蒹葭、那些红墙绿树，依然接受南风的吹拂，只是我的心境却不再相同。曾经的金戈铁马沉淀进池中，往事涌上心头。

这往事是厚重的，也是轻快的，伴随着这些往事，我走在池神庙里，我知道，我今日所走之路也是孙嘉淦走过的路，当然也是康熙走过的路。他们在这里巡视或检查，也曾清水洒道，万里清场，也曾前呼后拥，故作排场，而我不用。我轻松自在地行走在山间河边，追寻历史的足迹。

走过海光楼，走过戏台，走出歌薰楼，走过盐池，驱车几公里就能在中条山下看到蚩尤村，村里建起了蚩尤文化园，我没有进去，因为我对禁墙的关注超过了文化园。

孙嘉淦修过的禁墙还在，当我在疯狂的南风中走到蚩尤村禁墙边时，那丛矮墙和衰草便带着满腹的故事迎接我了。很震撼，眼看他建高楼，眼见他楼塌了，兴亡之感不仅仅存在于孔尚任的《桃花扇》里，孔尚任曾来过晋南，不知他可见过这巨大的禁墙，见过这环绕盐池的禁墙，见过这兴衰，仿佛弹指一挥间？

"失败的蚩尤，不幸的蚩尤，在正史之外，在民间正义这里，赢得了尊重和纪念，因而赢得了永生"，张石山先生如此说。确实，盐池之盐惠及过的人群，用这个传说，让蚩尤永生。

"池盐博物馆的位置就是原来的中禁门"，尹冰馆长打断了我的沉思。

河东池盐博物馆及盐池，壮观瑰丽

　　长长的禁墙，最中间的门，我恍然大悟，原来所有的帝王将相，贩夫走卒，都从这里进入，去实现他们的政治抱负或维持生计。

　　在池盐博物馆里，我看到了《河东盐池之图》，也试图抵达孙嘉淦和吴楷的内心。孙嘉淦治理过的盐池，依然有旧貌存留，有心人就能找见。

　　看到图，也就看到了黑河，但这条黑河在乾隆二十二年（1757年）被人为淹没。黑河没了，卤水就没了，再无法产盐，无奈之下，人们又发明了"潴沱"，即在黑河上挖个碗状的坑，再费劲巴拉地把水提上来。随着打井技术的发展，人们又发明了在盐池打卤水井

（木盘水井）的办法，这才保证了盐的生产。想一想孙嘉淦还是挺幸运的，看到过这条黑河，他离世4年后，黑河被淹没。

孙嘉淦不是最后一个盐政，还有人接替他。到了1948年（这一年，潞盐管理局成立），盐的历史进入新时代。

几十年后，盐池的历史有了科学说明。

喜马拉雅运动，生成各山系，中条山生成。6500万年前，运城盆地生成。500万年前，受地质作用影响，在晋陕豫黄河三角洲地区形成一个大湖，俗称三门古湖，这个湖很大，有3万平方千米。几百万年间，三门古湖不断扩张或萎缩，洪水和地下水不断汇聚和蒸发，湖里的盐类物质逐渐积累。大约在100万年前，黄河贯通三门峡东流入海，三门古湖的水随黄河走了，到70万年前，湖消亡了。

古湖消亡了，天佑河东，还留下一点残存，即运城盐湖和陕西卤阳湖。

70万~10万年前，这里的地区发生构造抬升，汾河本来是通过平陆直接流入三门古湖的，不得已改道，退出了运城盆地，盐湖的地表水补给明显减少，中条山前汇水盆地逐渐进入封闭体系，盐类矿物开始沉积。在中条山山前断裂的持续控制下，在山前形成了一个狭长的含盐湖盆。中条山的各种盐成分通过水流积聚形成能够结晶食盐的盐湖。

这是照猫画虎搬来的科学论断，要理解它，需要深厚的专业知识。简单来说我们只要知道，地质构造变动引起山变化、水变化，我们的盐湖是天赐的，是神奇的。

盐池开采了几千年，还用之不竭，是因为中条山一直在为其补充营养。若各种特殊的成分都从中条山岩石中来，只能说，盐池是神奇的，中条山也是神奇的，毕竟它只是太行山的余脉，而太行山并未生成盐池。

盐池，确实是一池洪荒。

若盐池生成于10多万年前，那是考古上的旧石器时代，是否有人在狩猎时，在湖边发现了太阳下的晶莹颗粒？偶尔食之，却发现浑身充满了力气，大可以与野兽搏斗一番，于是人们便把这种东西当成食物的一种，也未可知。猜测也是一种乐趣。

跨过旧石器时代，新石器时代来临，农业开始，人们学会了种植，又学会了制作陶器，在蒸煮食物时或许会放一点盐粒，吃起来感到食物更美味了，尤其是肉食。盐，改变了新石器时代人类的肠胃和味蕾，当然也改变了他们的体质，延长了他们的寿命。

辈辈相传。

进入传说时代。

6000年前的西阴文化覆盖全国，是因为盐。

4300年前，陶寺文化兴起，是因为盐。芮城有清凉寺墓地，出土玉器精美多样，有人说当时是这个族群在控制盐池。

3900年前的东下冯，是夏墟，也有商城，商城里就有许多大盐包，商朝人聪明地在这里存盐，控制了盐的运输。

然后进入了孙嘉淦能查得到的信史时代。

"如果有人每天在盐池拍摄，就会发现它的颜色每天都在变化。"尹馆长如此说。

啊，真让人惊讶。

尹馆长让我看了一种红色的小动物——卤虫，或者叫盐水丰年虫，长 1~2 厘米，它还有一个特别美丽的名字——仙女虾。卤虫在瓶子里游来游去，即使被观赏也不改其行动。仙女虾多的小池子，是红的，但它本身不产生色素。

盐水里还有大量的嗜盐古菌，通体红色，可以产生色素蛋白。同古菌伴生的，还有盐藻，它是最古老的单细胞浮游生物，盐度增

七彩盐湖

高时，盐藻就会产生胡萝卜素，以增强细胞抗盐能力，这时盐池就是红色。那些藻类还会产生叶绿素、叶黄素等，随着盐水浓度不同，藻类数量不同，颜色也不同。垦畦浇晒法把盐池分割成许多小盐池，每个小盐池就是一个小生态，水体环境不同，所孕育的生物种群也不同，于是每个小畦颜色也不同。

盐池这个大温床，没有微生物的天敌，这些物质可以肆意生长。夏天，湖水蒸发，盐度增高，微生物繁殖旺盛，盐池颜色会更鲜艳。

也就是说，嗜盐微生物、盐藻、浮游生物、矿物质共同造就了七彩盐池，而这盐池还会随着阳光晒、南风吹，一直变幻色彩。

看到这七彩，需要在空中俯视。

世界真奇妙。

奇妙的盐池本身，创造了特定的中华审美观，无论何时抵达，站在歌薰楼上，都能看到美。

美人、美景、美意，都是在骨不在皮的。

盐池的骨，是什么？

从开天辟地时，盐池就陪伴我们这个民族，衣衫褴褛步履蹒跚地走过来。因为盐，我们在这里创造了绚烂的中华文明，煌煌然都写进了史书里，仿佛翻开每一页都是与盐有关的。那盐池的骨，就是对一个民族、一种文明的支撑、养育和催化。

这思绪，是随着《南风歌》而来的。歌薰楼之北，琴，是五弦琴；木，是中条山上的半死桐；弦，是解州自产麻，麻拧成线绕在木制的琴身上。舜在一个炎热的初夏日，吹着南风，闭眼，腕动，五弦琴音骤响，宫商角徵羽，穿楼而过，笼罩回旋在盐池之上，又迈过中条山，飞过几千年几万里的大山大河。

南风之薰兮，可以解吾民之愠兮；

南风之时兮，可以阜吾民之财兮。

歌声千年不息，南风不停吹拂，仿佛时光与风光一直如昨。这远古的气息，可真让人耽于幻想呀！

中华盐宗

从盐池离开，回首。

从歌薰楼处向上望去，卧云岗原来如此之高。"盐宗"二字挂在山门外的偏门上，河东盐池之盐是自然生成的，太阳晒晒就可食用，而海盐、井盐的生产需要技术，因此这里被称为盐宗也当之无愧。

歌薰楼、海光楼，楼楼相衬；普济公、野狐泉，泉泉辉映；名楼名泉名庙，飞出诗文无数，凤凰城上祥云缭绕，远古仁人不期而至。尧舜禹后，汤桀战于鸣条。魏国执政，埋铜鼎于汾阴脽，汉武帝吟叹过秋风辞。蒲州百代风华，王之涣更上一层楼，司空图在此品诗，郴子发迹于此……江山多胜迹！

天赐河东，天赐华夏。

而我在满天的诗文间，只看见了孙嘉淦的"水无心，我亦无心，相忘而各自适也"。古人如是，今人如是。

尹冰说："盐池每一天都在走向死亡。"面盐池而修心，盐池的生态保护已开始，每一步对盐池的治理，都应慎之又慎。

陶寺遗址

尧在4300年前的礼乐实践

大致在距今四千五百年，最先进的历史舞台转移到了晋南。在中原、北方、河套地区文化以及东方、东南方古文化的交汇碰撞之下，晋南兴起陶寺文化。它不仅达到了比红山文化后期社会更高一阶段的"方国"时代，而且确立了在当时诸方国中的中心地位，它相当于古史上的尧舜时代，亦即先秦史籍中出现最早的"中国"，奠定了华夏的根基。

——中国考古学家苏秉琦《满天星斗——苏秉琦论远古中国》

四五千年前，受气候影响，许多地方的新石器文化衰落，尤其是海岱地区，这些人群往黄河中游地区迁徙，融入了中原。这时候，有一颗"明星"冉冉升起，那就是陶寺。

陶寺是本大书。

读起来慢，但充满迷人的魅力。

陶寺观象

总是没有机缘到陶寺去，一直到2023年9月23日参与到"穿越五千年，晋情话山西——中华五千多年文明遗址考古队长论道山西暨考古遗址研学联盟成立"系列活动中。来自良渚、石峁、牛河梁等18处遗址的考古队长齐聚山西，折腾出了不小的动静。24日下午，我有幸跟随考古队长们到达襄汾，准备第二天也即25日到陶寺观看日出。

陶寺就在襄汾城边，紧邻汾河。

25日清晨5点30分出发，直奔陶寺遗址。

车过中梁村，驶入一条大沟旁。我的疑问也随之而来，此处遗址为什么不叫中梁遗址呢？陶寺考古队队长高江涛博士（以下简称高博士）说："最早是在陶寺发现的，所以就叫陶寺遗址了。"

晨光熹微，离日出还有一些时间，众人围在观象台周围，高博士开始了他的讲解。这样的讲解他已经不知道重复了多少次，此刻他依然兴致勃勃地侃侃而谈，陶寺观象台的秘密被他一一揭开。

观象台共有12道观测缝。冬至时，太阳从第2道缝照射到观测台上；春分、秋分时，从第7道缝射过来；夏至时，从第12道缝射过来；冬至时又回到第2道缝，如此便是一年。

考古人用了很长的时间反复观测和实验，证实一年中可以在观象台观测到20个节令的日出。这说明，那时陶寺运行着一套适合自己的历法，可观测天象，可指导农时，可观察气候变化节律，可指导春祀秋祀。

发掘出观象台，是艰难的，考古人走过了一个艰难的、有争议的历程。纪录片《陶寺——地中之国》中谈到了这段历程，出土、试验、争辩、质疑、观察、论证，最后观象台被天文学家认可。虽然漫长而周折，但此刻提起来都是骄傲。

我离开人群，仔细观察着观象台，13根立柱站在那里，与周围的人群一起等待着太阳从塔儿山上升起。

天一点点的，被叽叽喳喳的人群吵亮了。

来自全国各大遗址的18位考古队长齐聚观象台

　　但是，天公不作美，虽未大雨瓢泼，零星小雨还是阻挡了太阳光的直射，我们没有如愿在6：48分看到太阳光从第7道缝隙照射到观测台上。

　　遗憾，遗憾未见秋分日出实景，但观象台的形貌通过25个媒体传了出去，获得超170万次的点击量。

　　当时我问了三个问题：一是，观测柱为什么要建这么高？二是，为什么要在秋分节气推迟三天后来看日出？三是，最后两道柱子为什么与前面柱子有很大的距离？

　　高博士一一回答了我：观测柱的高度，取决于观测台、塔儿山、立柱三个方面，要在它们三者之间建立一个三角形，这个高度要高于塔儿山，才能确保太阳光从缝隙间照射过来。考古人员通过观察发现，每年的秋分过后，往后推三天，太阳才能准确地照射到观测台上，这也是受黄赤交角①的影响。最后一个问题，后面两个柱子与其他柱子之间，应该是迎日门，毕竟《尧典》中有"寅宾出日"的记载，但这个还未被证实。

天亮了，周围的景观也清晰起来。

对于我，此情此景又分外不同，读过的书中的字迹，寻找人类的脚步，分别逶迤而来，与眼前的景象渐渐合三为一，我贪婪地体会着文明的印记。

陶寺的梦幻场景

我们行驶过的路边，种植了两排木槿树，木槿花此时正开，淡粉淡紫的花，摇曳着，挂着滴滴露珠，似乎在向人们展示它们的娇媚。众多的木槿树，上万朵的木槿花排出了迎客的阵容，壮观而又不失温柔。想起木槿花的种子名曰"朝天子"，我便有了几分了然的笑，木槿花所朝，肯定不是我们这些凡夫俗子，一定是那个煌煌帝

---

①黄赤交角是地球公转轨道面，也叫黄道面，与赤道面的交角。地球的黄赤交角约为23°26′。黄赤交角并不是不变的，它一直有微小的变化，但在一定时期内可以看作是不变的。

尧吧？考古人是有意的吗？

高博士后来告诉我，是随意种植，却又巧合了，天意啊。

灰色的天空下，有棵柿子树矗立在不远处，很多人都谈过写过这棵柿子树，树的附近就是曾经的墓地，如今荒草丛生。荒草与庄稼，伴以沉默的黄土，这原本该是考古遗址的样子。谁知，一抬眼，竟然有一大片粉红色的草，招摇地站在我们前行的路边，一直延伸到远处，满眼皆粉。

粉黛乱子草。

粉黛乱子草，如此浪漫

这些植物竟然有这么美的名字，是草，却有花的繁盛与娇艳，如云似雾。这是工地吗？即使有蒙蒙细雨，我也一样能感知到浪漫。这浪漫，是 4000 多年前先人的慧心巧思，还是今天考古人的悉心安排？粉黛乱子草的花语是"等你回来"，等谁？尧，舜，还是那个协和万邦的时代？

也有薰衣草点缀在路上，深紫色的花似乎想把爱情的花语传递出一点点，可它不是主角。

这样的梦幻之景，超出了我对一个考古工地的预想和期许，浪漫得不像话，温柔得不像话。

被花娇和草香洗涤了尘世的浮躁、纠结和尘土，还是要回到本意上来。

考古发现

高博士提到一个人名：丁来普。记得吧？我在《丁村文化　从古民居到古人类》一文中提醒过大家要注意这个人名。

丁村遗址被发现以后，1958 年，一个从丁村来的人，到陶寺做文物普查，在陶寺村附近发现了许多灰色陶片，他在人们趋之若鹜研究彩陶（那时，考古已在中国出现 30 多年，仰韶时期的红陶为世人熟知）的时候，就感觉到了灰陶的不同凡响，他把灰陶片带走了，于是陶寺遗址就从此见了天日。

而这个人，名字就叫丁来普，从丁村来的人，到陶寺普查，发现了陶寺遗址，这真是宿命。

高博士非常骄傲地说："我们这处遗址，非常幸运地没有被村庄占据，不像别的遗址，往往被占压。村庄完美地避过了遗址，建在周围，神奇不神奇？"

1959年，中国科学院考古研究所（即今中国社会科学院考古研究所）组建山西队，张彦煌任队长，时任考古所副所长夏鼐先生交给山西队的重要课题就是"夏文化探索"和"灰陶文化探索"。1959—1963年秋冬，张彦煌带领山西队在晋南地区进行了四次大规模考古调查，包括临汾地区和运城地区的15个县，8000余平方千米，发现仰韶文化至北朝时期遗址306处，当时重新认定的陶寺遗址范围包括陶寺村南、李庄、中梁村、沟西村。

1973年，考古工作恢复后，苏秉琦先生指出：探索国家和文明起源必须从城市、都城等大遗址进行突破。于是，山西队张彦煌、徐殿魁、高炜以及山西省文物工作委员会的叶学明进行了晋南考古复查，再次调查了陶寺遗址，因其面积巨大，而定为晋南的首选发掘对象。1977年，高天麟、高炜、郑文兰与襄汾县文化馆的尹子贵和陶富海，又一次调查陶寺遗址。1978

年年初，考古所夏鼐所长在听取了山西队提出的陶寺遗址发掘方案的汇报后，批准了这一方案。同年4月初，考古所与山西省临汾行署文化局合作，开始正式发掘陶寺遗址。

——何努《陶寺——中国文明核心形成的起点》，有改动

探索夏文化，陶寺遗址的出现和发掘，依然是为了夏文化，这是考古大背景。当时，国际上根本不承认中国在商朝之前有夏朝的存在，于是我们的考古人开始了长达几十年的探索与实证。

大晋南，土地肥沃、历史悠久的大晋南，又将给人们带来巨大的惊喜。

考古人带着希望和工具从此出发了，走向4000多年前。

1978年春到1985年夏，7年多的时间里，考古人风餐露宿，发掘面积超过7000平方米，清理了1309座墓葬。龙盘、特磬、鼍鼓、土鼓、玉琮、朱书扁壶、铜铃、绿松石、彩绘陶器、彩绘木器、玉钺、猪下颌骨等文物纷纷在考古人的手中，脱离了原始的陪葬身份，从黑暗中走出来，大口呼吸着新时代的空气。

土鼓，鼓腹是圆圆的，筒状的高颈，颈腹之间有双耳，底部还有三个洞。使用时，器口上蒙上兽皮，敲击振动即可发声。器口还有一圈圆钮，用来绑缚兽皮。腹部装饰有横竖条纹，美感就出来了。

鼍鼓，鼍，是扬子鳄，陶寺出土的鼓内有散落的鳄鱼骨板，经化验，竟然是扬子鳄呀。把大树干掏空制成鼓腔，表面画出纹饰，

蒙上鳄鱼皮即可敲击。经专家们论证，4000多年前这里环境很好，有河、有湖、有鳄鱼。《诗经·大雅》里的诗句，承载着旧时之乐，占据了人们的心魂——于论鼓钟，于乐辟雍。鼍鼓逢逢。蒙瞍奏公。

　　什么人可以用扬子鳄作鼓？

　　石磬，陶寺出土的石磬都是特磬，专门有人负责采集特殊材质的石头，打磨成磬，磬上有孔，可悬挂起来敲击。专家测定为一磬一音。《史记·夏本纪》载："箫韶九成，凤凰来仪，百兽率舞。"箫韶就是夏代的著名乐舞《大韶》，相传为舜的乐舞，夏禹继承了它。有人认为，特磬正是"击石拊石，百兽率舞"所用的石磬，也是《大韶》所用的乐器。舞者手执排箫，和着乐器起舞，当时的节奏比较简单，但那么遥远的人群，听到石磬发出的声音就已经觉得很是清脆悦耳了，于是欢快地跳舞。

"在长达100多年的时间里，陶寺墓地王级大墓的鼓磬配置是一样的，鼓和磬放在同样的位置，说明这已形成了制度，礼乐制度。"高博士给各考古队长们以及闻讯而来的爱好者，还有媒体人，认真解说，他的眉头扬得高高的。

苏秉琦先生曾说：

　　特磬同鼍鼓是配套的，演奏时可以和声，不能视同一般的乐器，这是陈于庙堂之上的高级乐器、庄严的礼器。普通的村庄，怎么能有这样的重器？鼍鼓、土鼓、特磬的出现，突出地表明了陶寺遗址的规格和水平。

什么人可以用得起庄严的礼器？

陶寺早期王级大墓共出土4件龙盘，有的是红色打底，有的是褐色打底；有的是黑龙，有的是红龙。蟠龙蛇身，龙嘴里都衔有植物，有的专家说是谷禾，何努先生说那是麻黄草。陶寺遗址的孢粉分析结果中也曾发现过麻黄花粉。麻黄草含麻黄碱，在古代被用作致幻剂。陶寺蟠龙嘴里衔麻黄草，就是象征着蟠龙通神。何努先生还说到，陶寺蟠龙是裸祭礼中祖先神帝魂灵升天的坐骑，龙盘是裸祭礼的盥器之一，陶寺龙是中原龙创造的起点，是今天以中原龙为主脉的中国龙诞生之始。"龙的传人"从此开始。

陶寺龙盘，庄严的礼器

　　4件龙盘，件件不同。

　　什么人与龙有关？用龙随葬？

　　1984年，考古人还从晚期宫城内的垃圾坑里发现了一件扁壶，这件扁壶上面用朱砂或赤铁矿石书写了两个字，专家认为第一个字是"文"，第二个字可能是"尧"。陶富海先生给出一个特殊的解释，那是一个"唐"，古唐字便是这两个字的合书，有碧落碑为证。

　　这是谁的字？证明了什么？

　　人们的好奇心被极大地调动起来。

　　而发掘还在继续。

又是14年的沉寂后，考古人终于可以重返陶寺考古工地。当然，这14年，考古人并未沉寂，而是转向了室内研究。陶寺第三任考古队长梁星彭记着苏秉琦先生的话——陶寺应该是一座城，考古队也真的找到了城墙的痕迹，一座280万平方米的遗址越来越清晰。

2002年，陶寺遗址的发掘与研究进入了"中华文明探源工程"。

之后，何努先生来到了陶寺，担任了第四任考古队长。

就在我们站在观象台参观的时候，一个人穿着一件蓝色的冲锋衣，头戴一顶灰色棒球帽，正在给一群来自北京的专家讲解陶寺将要建成的遗址公园的状况。我认出了他，正是何努先生。

我在央视《探索·发现》栏目里看到过他，所以一眼就认出来了。

"何努先生不是已经退休了吗？"

"是的，他退休了，但我欢迎他常常来工地。他来了，可以替我分担工作。"

如今已是第五任考古领队的高博士，用真诚的考古胸怀拥抱着他的前任，他们共同在这块遗址上默默奉献着，就像粉黛乱子草一样，温柔地坚持着。

我也是由此真切地意识到，考古人的事业，不是一时，而是一世。

通过他们的努力，陶寺中期墓地、宫城相继被发现，并开始了发掘。

说起纪录片中宫城被发现的过程，人们最好奇"撒尿发现城墙"的故事。高博士说："纪录片里当时在那个地方撒尿的并不是我，是我们的技师。他们发现有夯土痕迹，赶紧叫我，我便追着那个痕迹，走了几十米，宫城就被发现了。"

高博士把我们领到宫城，就在发掘过的平面上，现在可以看到柱洞、房址、宫殿等标识，我最感兴趣的是有一处叫"凌阴"，竟然是用来藏冰的。冬季采冰，存于凌阴中，有祭祀、丧葬、宴宾、食品保鲜等用途。

他们还发现了阙门，如今只是一堵曾经被刮出遗迹的墙面，只作了一点点展示，阙门的样子，只能存在想象里。

他们还发掘出了圭尺，即测日影长度的尺子。

故宫中有"允执厥中"的牌匾，挂在中和殿的上方，是乾隆皇帝御笔，意思是要诚敬地奉守中正之道，姑且当作皇帝自勉吧。这四个字出自《尚书》，《论语》中也有，尧让位给舜时，曾叮嘱"天之历数在尔躬，允执厥中"。

甲骨文中的"中"字，写作"￼"，专家说，其中一竖，指圭尺漆木杆，中间类似椭圆部分指圭尺的游标，上下类似飘带的笔画，指的是刻度。陶寺出土的漆木杆，最开始考古人并不知道用途，后来才发现是圭尺，同时出土的还有玉琮样的玉器，恰巧可以套在圭尺上，后来人们才知道那是游标。

考古人用一根木杆，涂上彩绘，曾经测过夏至的日影，确实为"一尺六寸"。古人认为，地中就是地之中央，国家出现后，地中与国家相结合，就是"中国"。《周髀算经》记载，地中日影为一尺六寸，也就是说，当时的陶寺就是地中，就是中国。由于圭尺在古代能测地中，它就被认为是类似于王权的权杖，掌握了权杖，就是"允执厥中"。可以说，圭尺的出现证明此处是"地中之都，中土之国"，陶寺文化影响了中国几千年。

他们还发现了豶豕之牙。《周易》中有"豶豕之牙，吉"的记载。豶豕之牙，就是野猪的獠牙。陶寺王墓中有一种配置——公猪下颌骨为对称轴，左右各有玉石钺。据何努先生说，豶豕之牙象征兵不血刃、不战而屈人之兵的治国理念。

陶寺出土的还有其他文物，比如说和乐器配套的有陶埙、口簧，和观象配套的有铜轮，除此之外还有玉石圭、玉兽面、陶器等。在长达几十年的发掘中，那些出土文物作为历史证据，汇八面来风，携带着自己的一套管理理念和体系制度，出现在世人面前。

《陶寺——中国文明核心形成的起点》是何努先生的专著，他在书中的学术论述，被一一铺陈在遗迹中，那些文字不再是平面的书写，而是以立体的场景呈现在人们面前。

有人说，看不懂。是啊，看不懂。不学考古，不懂考古的人，无法把这些展示的古迹剖面还原成生活场景，当然我也不能，尽管我已深入许久。

考古是有门槛的，考古传播也是有门槛的。

慢慢地，陶寺遗址的大平面图，在我眼里，一点点平铺在地面上，宫城、沟壑、墓地、观象台、贵族居住区、平民居住区、手工业作坊，一一各归其位。

这座城，活了。

陶寺人的生活

发掘是发掘，研究是研究。

科技手段在陶寺应用起来，碳-14测年、古地磁分析、孢粉分析、陶片理化测试分析、彩绘颜料测定、木器玉器陶器研究、农业研究、制陶研究……

古人的生活场景出现在我们面前。

在陶寺生活的人，是什么人？这是人们普遍关注的话题，考古人和专家们用了很长的时间来解答这个疑问。

就在陶寺文明生成之前，神州大地上风起云涌。

大约6000年前，东北出现了红山文化，其晚期的牛河梁遗址中发现的女神庙、祭坛、积石冢与金字塔建筑展示了北方史前文化的最高水平，苏秉琦先生曾说，那是中华文明的曙光，是文明初现的时刻。

我在山东日照采风的时候，曾接触过海岱地区的文化。距今6000多年前，大汶口文化在山东诸多地方出现，陶器已出现轮制技术，农业、渔猎同时存在，最主要的是在陶罐上出现了文字的雏形，大汶口文化在山东后来过渡到龙山文化。

有一支文化是我很向往，但至今未能一观的，它就是长江下游的良渚文化。良渚有古城，有宫殿，有稻谷，有水井，还有庞大的水利系统，最主要的是，良渚的玉器有玉琮、玉璧、玉璜、玉兽面等，组成了礼制用器，良渚已是典型的文明社会，且因处于5000年节点上尤为引人瞩目。

山西西北和北部河套地区，也有一支文化——老虎山文化，因斝、瓮等陶器为人熟识。

苏秉琦先生在1985年山西侯马举行的晋文化研究座谈会上，曾作诗一首：

华山玫瑰燕山龙，

大青山下斝与瓮。

汾河湾旁磬与鼓，

夏商周及晋文公。

这首诗的前两句，指的是陶寺文化是如何汇聚形成的，第三句即指陶寺文化。

这些文化生成壮大以后，便于4500年前后开始了一次大迁徙，也或者是大交流、大融合，至于原因，有专家说是因为气候。

那时，整个北半球都经历了长期的干寒，许倬云在《说中国》一书中有记载：

> 海岸线改变致使生产力减低，不能继续维持统治阶层的权力和精英阶层的文化水平。

于是这些族群从不同的地区向更易于生存的地区迁徙，黄土、食盐、森林、草原、河流以及较为封闭的环境，为这些长途跋涉的人提供了生存条件，他们在黄河中游遇到了一大批依靠黄土生活的农人，各处迁移过来的族群带来了老家原居地的文化因素，丰富了新居地的文化内容，于是，东西南北各地的文化，都融入了中原，陶寺文明生成的条件具备了。

正如许倬云书中所说，发端于山西南部以及黄河两岸的西阴文化迅速发展并扩张，横扫东西大部分地区后，又传播到庙底沟二期文化区域。

何努先生曾说过，黄河中游地区仰韶文化和庙底沟二期文化，是陶寺文明的培养基。

也就是说，各地文明来到陶寺，与当地的庙底沟二期文化相遇，众缘和合，生成了更为灿烂的陶寺文明。

高博士在展板前向大家一一介绍了那些"外来的"器物，比如玉兽面、玉琮等，紧接着那些考古队长们就开始找各处遗址的代表性器物，这时，我才能把自己读过的内容转化为实物、遗址。

面对着望不到尽头的荒野，陶寺人的生活场景在眼前慢慢出现……

4300年前，陶寺周围的环境和气候都很好，有暖温带落叶阔叶林。早期的陶寺人，会栽种谷子，能用秸秆烧火做饭，用陶罐存粮，用纺织物做衣服或包裹器物。他们已酿出了小米酒，用斝、盘、觚等陶器盛酒饮酒。他们已建立了自己的都城，城内有宫城，管理者住在宫城内，贵族住在宫城边，普通人住在更远一些的地方，仓储区也在城内。人们把多余的粮食存放在仓储区，把冰存在凌阴内，秩序井然。他们住在这里后，暂时不用迁徙了。此时城内已经开始出现阶级分化，上层社会过着比较奢侈的生活。生活安稳，他们便可腾出手来创造更多的东西，文明随着各种文化的交流融合，也就更为先进。人们生来死去，生，向往更文明的管理制度；死，便按级别埋入城中一角的墓地，并把自己创造的生活奢侈品带走。那些龙盘、特磬、鼍鼓、圭尺便被埋入地下了，一直等到4000多年后，考古人来把它们唤醒。

4100年前，陶寺中期的人发明了简单的水利设施，他们还会用圭尺测地中，并建起了观象台以测天象指导农时。社会发展了，手工业者被独立出来，有了自己的工作区域，可以批量制陶，打造石器、骨器、木器、漆器、玉器，饲养猪、牛、羊、鸡等家畜家禽。他们还扩建宫城，增建外郭城，形成"双城制"。

晚期的陶寺人，遭受了灭顶之灾，大型设施都被毁坏，人也不知去向。

考古人多年的工作，给我们还原了长达500年的陶寺兴衰过程，我们这些普通人也得以在4000多年后，可以一窥曾经的繁华。

陶寺遗址复原图，铺陈遗址上

尧都

这是一座城，几代考古人都确信，且有大城，有小城。既然是城，那会是谁的城？

老一辈考古人在第一次发掘以后，猜测这是夏都。但随着二里头考古的进展，人们在失望之余，又把猜测的焦点慢慢聚焦到更早一点的有记载的"尧"。

《尧典》中有记载，帝尧名叫放勋，恭敬节俭，明察四方，善理天下，道德纯备，温和宽容。他勤劳能干，又能让贤，光辉普照四方，思虑至于天地。他能发扬大德，使家族亲密和睦。家族和睦以后，又辨明其他各族的政事。众族的政事辨明了，又协调万邦诸侯，天下众民因此也就相继友好和睦起来。羲叔、羲仲、和叔、和仲都是尧的天象官，尧命四人观天象，观察太阳运行规律，制定历法，并教导各部落掌握农时。

此外，尧还设立四岳，负责各部落事务；设立大理，解决人们的诉讼；设立诽谤木，广泛听取意见。尧还让人挖水井，解决干旱问题。发大洪水时，又让人治理洪水，大禹受命，百流入海，划定九州。尧还让人创立刑法。种种记载，说明尧时期，已如《周易·系辞下》中说"黄帝、尧、舜垂衣裳而天下治"。

诚如王阳明所说，你未看此花时，此花与你同归于沉寂；你来看此花时，则此花颜色一时明白起来。当人们的目光一旦聚焦，证据便一一浮出水面：

（1）朱书扁壶上的字，有人认为是"文尧"。

（2）《尧典》中的记载，可用观象台来验证。

（3）圭尺可验证《论语》中"允执厥中"。

（4）象征文德治国理念的猪下颌骨上的獠牙可验证"尧、舜垂衣裳而天下治"。

（5）龙盘可验证《竹书纪年》中尧诞生的传说。

《竹书纪年》中说，帝尧的母亲叫庆都，经常有龙跟在身边。有一天，龙负图而至，图上有赤龙，庆都怀孕14个月后生了尧。何努先生认为，陶寺的龙盘用朱砂绘制，即是赤龙；蟠龙身上有鳞状斑纹，即龙负图；龙自盘底向盘口盘旋，即攀天而上，大概可做佐证。

（6）当地人把太阳称作"尧窝"。

（7）陶寺可能是陶唐氏遗留之处。

（8）晋国考古可证塔儿山周围是唐地。

关键点是时间，陶寺按碳-14测年，为距今4340±90年到3815±70年，树轮校正年代为距今4825±185年到4170±95年，测定方法不同，结果也有一些差异。学者们或考古人按保守说法，采用陶寺距今4300年到3900年，这与典籍中记载的尧建都平阳的时间吻合。

陶寺的考古发现，一步步佐证典籍记载，地中之国，也就是最早的中国，在4300年前形成。

至此，极少人再怀疑陶寺便是尧都，毕竟，临汾就是平阳，这并无异议，尽管人们依然用"应该""可能"等字眼来描述。

第一个提出陶寺便是尧都的人是谁？

有人说是邹衡先生，有人说是刘绪先生。这不重要，陶寺是尧都几成定论。

之后，根据考古发现和典籍记载，专家提出，陶寺中后期可能是舜都。

尧舜同都，又被许多人采纳。

我们不是考古学家，也不是历史学家，证实、证伪或考究不是我们的任务，我们再来看陶寺文明说明了什么。

陶寺——最初的中国

何努先生曾撰文说明，陶寺的都城、宫室、礼制、府库、住宅、丧葬、礼乐、历法、工匠等制度已经很完善，虽然这些制度不一定是陶寺人首创，但是它们在陶寺发展壮大，最终形成了一套完整的邦国制度体系，奠定了后来华夏文明的基础。

杜学文先生在《何以直根》中谈到，陶寺是最早的中国，是一个以文化认同为纽带，把人们联结统领起来的中国，是舜"夫而后之中国践天子位焉"的中国。

陶寺是百年中国考古的亮点。

陶寺，还有良渚、石峁、二里头，是中华文明探源工程的四大都邑，是实证五千多年文明与早期中国形成过程的"四大支点"和"时间节点"，是夏代文明和中原崛起的前奏。在新石器时代，人类度过"满天星斗"的时代后，陶寺成为文明向中原积聚的证明，是华夏文明发展进程中一个非常重要的关键点。

多元汇聚，陶寺文明一时光耀华夏，4300 年前第一次闪烁华光，4100 年前第二次闪烁。如今借助考古成果，再一次华彩绽放，我们在一片荒野上看到了这样的华彩，足以让我们感到震撼。

还要补充的是，陶寺人在观察天象时，弄清了季节、时序、农耕的物候和气候变化。有了这样的认知，那时的人们就将大自然的时序看作生活中最重要的一环，在依赖自然获得生存所需物质时，古人就可以共话桑麻。他们清晰地知道，人是自然的一部分，人不能离开自然，人也不能凌驾于自然之上，古老的生态观、宇宙观和人生观，于当今的世界是有启示意义的。而且这样的认识，致使后来形成了道家思想，影响了中华文化的发展历程。

陶寺陨落之后，社会继续发展。

夏商周三代来了。

从陶寺返程的时候，竟然有"昔我往矣，杨柳依依。今我来思，雨雪霏霏"的感觉。果然，地脉才能接通灵思，古人会告诉我们许多许多。

晋国博物馆

半部西周史

　　美丽的山西在三千多年前孕育出了一个强盛的晋国，创造了辉煌、灿烂的晋文化。晋国的崛起与繁荣，促进了民族的融合、文化的交流、经济的发展，书写了长达800多年波澜壮阔的历史篇章，构成了中原华夏文化的核心。经过多年来系统、科学的考古发掘与研究，晋文化面貌逐步清晰，晋国的历史、文化、社会、生活等方面被一一揭示。考古成果的取得促使人们从厚重的晋文化中感受到教益和启发，也鼓励着我们积极传承三晋文明、创造新的文化。

　　——夏商周断代工程首席科学家李伯谦《晋侯晋都晋文化》

2008年春天，时任山西省省长孟学农要到临汾调研农业。

当时的曲沃县委书记杨治平深知曲村—天马遗址的历史意义，一直筹谋在这个遗址的晋侯墓地车马坑上建一个大展厅。知道省长要来，他觉得这是个天赐良机，便积极与临汾市委、市政府进行沟通，建议留出20分钟参观曲村—天马遗址。愿望达成，宝贵的20分钟让曲沃一干人倍感压力，却也很高兴，毕竟机会难得。

建晋国博物馆，不是这时才有的想法，早在1995年文物盗掘猖獗、成立曲沃文物局时，就有了动机。十几年的时间，曲沃的领导们和相关人士，一直为此努力，尤其是一号车马坑的发掘，48辆车全部露出，装甲车、礼仪车4种车辆分6排排列，观之震撼。建设博物馆的呼声一年比一年高。这次有了机会，只能成功，不能失败，不然对不起先前为此努力的人们。

怎么才能引起省长重视呢？

思来想去，决定邀请夏商周断代工程首席科学家李伯谦和山西省考古研究院的吉琨璋参与接待并负责讲解。于是杨治平书记拜访了正在侯马整理晋侯墓地发掘资料的李先生。李先生一口答应，他主持过这个遗址的发掘工作，在这儿建一个博物馆也是他的夙愿。他们商定了和孟省长见面的细节，又怕20分钟讲不清楚，李先生又专门写了一封"关于建设晋国博物馆"的信。

2008年5月14日，孟省长到达这里，一见面就紧紧握住李先生的手。

"是伯谦同志吗？听说您在这儿，我专程来看看您。"

"孟省长好，听说您要来，我就在这里等候您呢。"

吉琨璋讲解了曲村—天马遗址及晋侯墓地的考古成果后，他们进入一号车马坑大棚。下到坑底，李先生向省长介绍，这是目前我国发现的西周时期最大的车马坑，晋侯墓地出土的1万多件文物，应该向世人展示，建议山西应该在这里建一座遗址博物馆。孟省长听得很认真，还仔细询问相关问题。让人震撼的车马坑发掘场面引起了省长的极大兴趣，他当场把省、市、县相关负责人召集在一起，肯定了建馆的意见，并就博物馆的名字进行了讨论。谈完看完，省长乘车离开。

望着远去的车影，他们一看表，此次见面竟然用了45分钟，远远超出当初说好的20分钟，至此多人多年的愿望有了雏形。

经过各方无数人的努力，晋国博物馆终于在2009年开工了。

2014年国庆节，晋国博物馆正式开馆，历史爱好者、考古爱好者闻讯而来，全国游人接踵而至，"晋国"以雍容华贵的姿态敞开怀抱迎接每一位游客。

来到晋国博物馆，看到了什么？

我也慕名而来，不仅我来，我还带朋友来。

晋国博物馆坐落在曲沃县北赵村外，从一个"晋"字形幻化出的牌坊走入，便可看见晋国群雕。顾不上打量博物馆的外形，我们就急急忙忙地进入博物馆内部。

我的目光在博物馆里的展陈题目上停留许久。茫茫华夏，晋源何方；悠悠故绛，崇山之阳；昭昭小宗，代翼统疆；赫赫称霸，名震万邦；煌煌三晋，家国重光。文辞类比汉赋，多见华彩。

晋国博物馆外"晋"字牌坊

终于看到了青铜器。

鼎、簋、甗、觯、尊、卣、盘、匜，一一从墓里出来，又一一排列在这里，等着人们一遍又一遍、一眼又一眼地欣赏。钟鸣鼎食，是真的，他们除了日常生活，还要用这些精美的青铜器祭祀先祖，牛肉、羊肉、猪肉、鱼肉、酒都曾光顾过这些器皿。

迎面走来了叔虞方鼎，鼎内铭文也列示在墙上，那些古字，我们都不认识。

每次讲晋国，都是从桐叶封弟开始的。周成王剪桐封叔虞，司马迁给出的是一个文学源头，人们在千年里都相信它是真的。但我不相信，这是最早的文学虚构，是艺术不是事实。

"唐献嘉禾"塑像立在那里，叔虞目光淡淡，不知是否在回想他的出生，这个手心攥着一个"虞"字的小男孩，也曾承欢在武王、邑姜膝下，也曾挽弓搭箭射杀野兽，也曾千里纵横戎狄之间。

晋国史也在这样的文物间，展开千里画卷。

周王朝历经几代君王，终于在周武王手里，翦商成功。

就在这"河（黄河）汾（汾河）之东方百里"的土地上，荒草蔓蔓，荒土和尘烟覆盖了先人的骨殖。3000多年前的某一天，这里的寂静被一群人打破。

这群人，从遥远的西边而来，那儿刚刚有了一个周王朝。

这群人里有车夫、船夫、随从、农夫、厨子、工匠等等，他们簇拥着的人是叔虞，叔虞是周成王的弟弟，是他们这群人的主人。

他们什么时候来的呢？

人们忙忙乱乱，也没有史官给记下来，整得现在谁也说不清叔虞带着人哪一年来到此处，遑论哪月哪日。

史书只有一个笼统说法，大约是周成王即位后，灭了唐国之时。问题是周成王即位时间为公元前1042年，灭唐国没有时间。《竹书纪年》中有："十年，王命唐叔虞为侯。"周成王十年，是公元前1033年，权作是这一年吧。

周王朝一建立，武王把弟弟管叔、蔡叔和霍叔分别分封在管国、蔡国和霍国，把纣王的儿子武庚就地分封在殷墟管理殷商遗民。挺好的布置啊，没想到起异心的是自家人。武王去世，成王即位，周公辅政，管叔、蔡叔、霍叔坐不住了，联络武庚造反。他们以为周公会篡位，由此可知这摄政王不好当啊，后世竟然有那么多人觊觎摄政王之位。

武王伐商时，顺手灭了唐国，唐国灭就灭了，可唐人不死心，又参加了管叔、蔡叔他们的叛乱。于是周公举兵，镇压武庚叛乱的过程中，又灭了唐，并把唐人迁于杜（今陕西省西安市雁塔区杜城村）。唐国握在手中，成王便封叔虞到唐地，意思是，弟弟呀，我把唐地交给你，可不能再乱了。

于是，叔虞带了一群人，跋山涉水来到距汾河大约百里的唐地。他们路过黄河，路过汾河，路过盐池、庄稼和荒草，要到唐的都城去。

有人说，唐是陶唐氏的一支，写出《晋国兴衰六百年》的谢尧亭说这不是一回事。但我想，陶寺作为尧都，就在崇山（亦称塔儿山）的北边，山的南边残留着陶唐遗民，是可能的。

叔虞一路走来，精心照看着他的大路之车、密须之鼓、阙巩之甲、姑洗之钟、寝孳方鼎，这些都是他的父亲和兄长打仗得来的战利品，也是他权力的象征。他也会时常打开《唐诰》看看，这位参加过牧野之战，能"射兕于徒林"的少年，胸有丘壑，他想的是如何奉命管理好自己的国。

出发前那盛大的封唐典礼还历历在目，兄长成王和叔叔周公的叮嘱也言犹在耳。"启以夏政，疆以戎索"，就在夏墟之上，可以和戎狄人和平共处吗？

叔虞是不是住进了唐都，并不知道，考古人也还没有找到那样一个都城。

住下来，便是执政为民的岁月，戎人、狄人、夏人、唐人和周人，只要好好从事生产，便同周王朝其他子民一样，只要各归其位，管理者尊重每个人的想法，允许他们发展农业和水利。

宽容的休养生息政策迅速让唐地发展起来，人们便喜欢上了这位慈祥而帅气的管理者，周围的小部落也纷纷归附。由此，唐国的土地增加、粮食增产、人口也增长了。

上天看见了叔虞的仁和，竟然让唐国境内土地上长出了"异亩同颖"的嘉禾，这是刚到唐地的第二年啊。叔虞隆重地把这样的嘉禾献给周成王，成王又把嘉禾赐给在外打仗的周公。周成王和周公分别作诗纪念，只可惜他们所作的《馈禾》和《嘉禾》消散于历史的尘埃中。

大约和周成王同时，叔虞死了。据推算，叔虞管理唐地12年左右。

我在晋国博物馆看到了复制的觉公簋。这件从香港文物收藏家那里走入人们视线的青铜器，铭文中有"王令唐伯侯于晋"，佐证了史书记载，晋侯燮父从唐到晋确实迁都过，也是从燮父开始，晋国国君才成为晋侯。

看到了复制的鸟尊，真正的鸟尊在山西博物院，猪尊也跟着鸟尊走了。鸟尊作为晋国的象征，还站在了山西博物院的巨大门额上。晋国博物馆的鸟尊虽是复制的，但燮父墓还在，燮父和夫人一起长眠在这里，他们以什么样的表情面对前来寻幽的人，我们猜测不到。

叔虞儿子燮父即位，改唐为晋。有人说，古代"晋"字的上面是嘉禾，下面是太阳。不知先人们是如何创造这个"晋"字的，燮父是看到了晋水，才把都城迁到这里的，由此，这里成为晋地。

放眼四周，这里比唐都更宽阔啊，汾河流淌在不远处，晋水（考古人认为滏河就是典籍中的晋水）也在不远处，晋水流着流着汇入汾河。南岸是峨嵋岭，再远处是紫金山，背山面河，视野开阔，是好风水啊。燮父眼很"毒"，两条河流夹角，土地肥沃，建个都城吧。

燮父呢，和周康王的关系又远了一层，已经成为叔伯兄弟，他建起了一个"逾制"的宫城，很豪华、很美，周康王听说后，把燮父狠狠地批评了一顿。

那又怎样？反正晋国已成事实，一辈辈往前走吧，西周王朝且离不了晋国呢！

燮父之后是武侯，武侯之后是成侯，再之后是厉侯、靖侯。

时间模糊不清的历史到了晋靖侯时，有了准确纪年。靖侯十七年，周厉王施行暴政，引起了国内暴乱，狼狈地逃到了彘地（今山西省霍州市境内），宗族大臣召穆公、周定公代替国君联合执政。这一年即公元前841年，史称共和元年。西周记载周王朝的纪年，而晋国只认自己的纪年，就是靖侯十七年。

第二年，靖侯死，釐侯即位。武侯、成侯、厉侯、靖侯、釐侯，5位国君没留下什么光荣事迹，或许他们也曾奋发图强过，只是没有什么记载。

釐侯在位18年，之后献侯即位。

博物馆内巨大的车马坑是晋献侯的，车已化作黄土，混迹于本来的黄土中，马也成朽骨。把它们一点点从土里剥离出来时，该有多么艰难啊，所以考古人都是妙手。那些马曾经跟随献侯征战过吗？是不是这样陪伴国君也是一种荣幸？

晋侯稣钟，也是晋献侯的，青年时他名为"稣"，我们看到的编钟是复制品，真品中最小的两件在山西博物院，其他14件如今是上海博物馆的镇馆之宝。这组颠沛流离的编钟，好歹还在国内，应该感谢上海博物馆原馆长马承源，他慧眼如炬并斥巨资回购。而更多在20世纪90年代被盗走的青铜器，不知现在流落何方。

晋献侯车马坑，壮观震撼

编钟上有铭文，记载了一场战争。

周朝某王三十三年，晋献侯率军参加了讨伐东夷的战争。这场战争由周王亲自指挥，晋献侯听从王的命令，攻击夙夷的老巢，先后攻克了两座城邑，与王师会师。这次战役中，献侯作战勇敢，大获全胜。战争结束后，周王在都城宫殿内隆重召开庆功仪式，奖赏给晋献侯马匹、弓箭，还有祭祀用的清酒。

献侯在位11年。之后是穆侯，在位27年。

晋穆侯墓里有楚公逆钟，晋楚争霸前，楚国之物就已来到晋国了吗？

穆侯有两位夫人陪葬，63号那个大型墓葬出土中有杨姞壶，还有多件玉器出土于这个墓。一问才知，真品在山西博物院。壶，精美绝伦；墓主人，全身铺满玉器，尊贵奢华。可想而知，当初嫁入晋国时，定是鲜衣怒马。

穆侯四年（公元前808年），娶齐女姜氏。3年后（公元前805年），穆侯跟着周王朝的军队去攻打条戎和奔戎。（《后汉书》和《竹书纪年》中有记载）这条戎，就在中条山；奔戎在哪，人们都说不清楚，我猜测也在中条山，古时交通并不方便，总不可能同时奔赴两个方向去打仗，所以，大概条戎与奔戎相距不远。

这时的周王朝，已从周成王、康王、昭王、穆王、共王、懿王、孝王、夷王、厉王，过渡到了宣王时期。周宣王还是有历史功绩的，主要任务就是消灭周边的戎、狄、夷。

但这次晋穆侯跟着去，却没捞到好处。朝廷的军队"败逃"，自然晋穆侯也只能带着晋军逃跑。跑回晋国不久，穆侯夫人生了长子，穆侯还在为打了败仗耿耿于怀，就给自己儿子起名叫"仇"。

又是3年后（公元前802年），晋穆侯又带兵打仗去了，这回依然是襄助朝廷，征服姜戎、西戎，打仗的地方离晋国都城不远，叫千亩（有专家认为在汾隰，也有人认为在介休，这场战役也因记载不同有争议，本书参考《晋国史》），这次战争，晋穆侯赢了（至于宣王军队是否胜利，不讨论）。同时，穆侯夫人又生孩子了，这个夫人有意思，一打仗就生孩子，孩子生下来，穆侯一高兴，取名叫"成师"。

晋国有个大夫师服，觉得这个名字取得不好，长子叫仇，次子叫成师，这不是向嫡庶礼节挑战吗？这会发生动乱呀！无奈穆侯不听劝。

不听劝，后果是很严重的。

穆侯二十七年（公元前785年），晋穆侯薨。他死不要紧，他弟弟殇叔坐不住了，自立为侯，全面接管晋国。殇叔当年就是跟着穆侯到处打仗的，常年带兵，早就把军队掌握在自己手里，自然也掌握了一定的晋国权力。太子仇，只能逃离晋国。

殇叔在位第三年时，周宣王驾崩了。周宣王是支持殇叔的，实际上仇是来找过宣王的，希望宣王帮帮他，没想到，宣王要的是晋国稳定，而不是礼法。如今宣王崩，幽王即位，机会来了。

仇带着人马袭杀了殇叔，即位成为晋文侯。

历史上有一件晋姜鼎，是传世文物，宋代《考古图》就有辑录，记述的是文侯夫人晋姜辅助晋文侯获得战功的事迹。即使看不到实物，也对这个类似于妇好的女人肃然起敬。

"晋文侯呢，在哪里？"

"不在展馆里，展馆里只有燮父、靖侯、献侯、穆侯四位国君，文侯和武侯、成侯、厉侯、釐侯都在展馆外面。"

走出展馆，终于找到了文侯，他和夫人一起"藏"在这里，一代文侯，死后也就只能是这样屈居在这里。谁让他死后，弟弟桓叔就造反了呢，小宗代大宗，宗法制被颠覆，殇叔已有先例在前，他的儿子却未能吸取教训。若晋文侯泉下有知，对着儿子昭侯也会恨铁不成钢吧。

晋文侯励精图治，把晋国治理得蒸蒸日上。而与此同时，西周王朝却陷入乱局。周幽王烽火戏诸侯的故事，大家都知道，且不论真假，荒淫无道是真的。幽王废了太子宜臼，想立庶子伯服为太子。宜臼逃到申地，申地可是宜臼外祖父的地盘，申侯联合犬戎攻下镐京（今陕西省西安市长安区），杀死幽王并拥立宜臼为周平王。幽王的余党又拥立幽王弟弟余臣为周携王。平王、携王，二王并立，西周乱作一团。

也许是同病相怜的缘故，晋文侯还是倾向于周平王的，况且礼法上拥护周平王也站得住脚。于是晋文侯与郑武公、秦襄公一起，合力勤王，帮助周平王从战乱后的镐京迁都到洛邑（今河南省洛阳市洛水北岸）。

勤王有功，周平王作《文侯之命》嘉奖文侯，感谢文侯能继承先祖之业，以大义会合诸侯，这篇文诰保存在《尚书》中。为嘉奖文侯的功绩，以先王之礼赐黑黍美酒一卣，彤弓一柄，彤矢百支，黑弓一柄，黑矢百支，宝马四匹。古之大事无非祀与戎，周平王都用相关实物奖励了，感谢之情不言自明。

之后，晋文侯帮助周平王杀掉周携王，周王朝逐渐稳定下来。

文侯在位35年后，于公元前746年去世，他的儿子伯即位，即晋昭侯。

我们的故事到此为止。

想再听晋国的故事，那得另起炉灶。

这是一座建立在墓葬之上的博物馆，9组19座墓葬，带着西周诸侯的墓葬形制，辉煌地排列在这里，这样的情况在全国也绝无仅有。9组19座墓葬图清晰完整，但我不能把图上的从燮父到文侯，与出土文物一一对应。

有一件铜罍，竟然出土于一口水井内，这是谁的罍，不能指认。

国君一览表，把晋国所有国君的功绩都钉在了墙上。

经过桓叔、庄伯、武公三代人67年的努力，终于曲沃代翼，小宗代大宗，礼制被挑战。又经骊姬乱晋，晋文公流亡19年后回国，称霸春秋。晋景公迁都新田，发生下宫之难，诞生了著名戏剧《赵氏孤儿》。晋悼公续霸，会诸侯，魏绛和戎，周围的戎狄都已融入晋国。又经历几任国君，六卿倾轧，赵、魏、韩三家分了晋。那都不是北赵墓地的故事了。

我在展板上一眼就看到了那句话："景公六年六月，荀林父率师灭潞。"太熟悉这个故事了，潞国（今山西省长治市潞城一带）是我的故乡，是3000多年前潞水边的一个小国家，只存国34年，就被荀林父灭了。多年前的我对晋国一无所知，我不喜欢这个灭了潞国的大国。一直到多年后，弄清晋国历史我才喜欢上这个庞大的春秋霸主，那种恨与怨才消散于江河。沧海桑田从来不是一个词，而是世界的真相，人们在这世上，争名夺利图什么呢？

想一想，从唐叔虞到晋文侯的这段晋国史，哪一个节点与西周脱得了干系呢？不说派唐叔虞"藩屏周室"，不说几代晋侯协助周王打仗，就连东周开始的标志——平王东迁，都是在晋文侯帮助下完成的。平王东迁，开启春秋时期，每提春秋，也得提晋国。这博物馆，只要靠近它，两周烟云便在我心头滚出一折又一折的印痕。

晋侯们生前，以"启以夏政，疆以戎索"为指引，在西周的几百年内，他们履行的都是"藩屏周室"的使命。他们死去了，把生前使用的东西都带走，把欢乐和忧伤也带走。可是一辈只能管一辈，后世的事谁能左右得了呢？江山永继和动荡不安，取决于继位者的欲望。

长眠吧，长眠了两千多年，直到20世纪70年代，一群考古人发现了他们以及他们的墓葬……

考古发现了什么？

在晋国博物馆里，我看到了邹衡先生的蜡像。

这位被誉为夏商周考古第一人的考古学家，以这种方式长留在山西这块他曾作出重大贡献的土地上，他以这种方式与紫金山、滏河，还有晋国的国君们永远相伴。若有灵魂的存在，说不定他正和国君们把酒言欢，看着南来北往的人在这里夸夸其谈或若有所思，也或许他们会因后人在这里一直找不到都城而着急。

只要你来，就会看到邹先生正在伏案写作，那是他在这里工作的常态。看着他，就能想起他与这里的一切。

有人说，曲村一天马遗址（包括北赵墓地）是邹衡发现的。

到底是不是呢？故事得从头说起。

20世纪50年代，侯马考古有了重大发现，晋国晚期都城新田被发现，新田就是现在的侯马。就在侯马考古工作热火朝天的同时，考古人把目光投向了周围，是不是还有遗址出现？于是考古调查也就同时开始。

1962年，国家文物局谢元璐、山西省文管会张颔两位先生在曲村东的三张村发现了一座战国到汉代的古城遗址。第二年秋天，北

晋国博物馆内部器物陈列，历史风云扑面而来

大考古系的师生初步确定曲村、天马、北赵、三张这几个村子周围是一处大范围的、以西周遗存为主的大遗址（列为全国重点文物保护单位后，这里被命名为曲村—天马遗址）。时任北大历史系考古教研室主任的苏秉琦和张颔先生商定，北大考古专业的学生以后要到曲村进行毕业实习。从此，这一块原来是耕地和荒草夹杂的山前地带呈现出热闹而繁忙的景象。

从1963年开始，这里走过、停留过好多个重要的人，苏秉琦、邹衡、李伯谦、刘绪……他们都是晋文化的明灯，一盏一盏，亮若星河。

1979年，邹衡先生来了。

邹先生是1952年北大成立考古专业后的第一个研究生，苏秉琦先生就具体辅导过他。受郭沫若的影响，邹先生决心解决上古史研究的三大难题：殷商前期、先周文化、夏文化问题。他选中的这三大难题，至今依然是历史学和考古学的难题。

来到"晋国"之前，他已以严谨的治学态度、重大的考古发现声名鹊起。他参与了二里岗的发掘，把二里岗提升到和殷墟等同的地位；发掘了燕国古都城；提出郑州商城即汤都亳说；提出二里头四期文化为夏文化。当时，邹先生的论点在考古界引起轰动，但他却深感时间紧迫，不再参与学术争论，而是把精力专注于晋国始封地的探索。

20世纪70年代初，邹先生其实已经在太原晋祠一带进行了考古调查，并未发现西周遗迹，后发掘了唐叔虞墓，发现此墓是宋代以后建起来的。

阅读文献、收集资料，做到心中有数后，邹先生带着自己的学生，把考古重点放在临汾。慢慢地，曲村—天马遗址便在他的目光中出现并成型，1000多万平方米啊，相当于西周镐京、丰京两个都城的总和。这么大的遗址，晋国早期都城应该在这里。

何况，很早之前，顾炎武（提出"天下兴亡，匹夫有责"的明末一代鸿儒）曾在曲沃东韩村隐居，曾提出过晋都应在曲沃的观点，并写进了《日知录》里。

确定，就发掘它。

从1980年开始的10年时间，北大考古系师生每逢双数年就来这里实习，居址、墓葬、祭祀坑、车马坑都被一一发掘出来。他们还在曲村建起了工作站，作为永久性研究基地。

但让人伤心的是，从1987年开始，盗墓之风猖獗，曲村—天马遗址内的多个墓葬被盗，这让考古人很痛心。本来，1986年之前，早期晋都完整无缺地埋在地下，完整地保留着远古的信息。但是从1987年开始，盗墓人数越来越多，盗掘规模越来越大，文物贩子蜂拥而至，甚至有村民、保安、执法人员加入了盗掘队伍，很快就形成了一个文物倒卖链，许多文物从曲沃被盗出来，经多人手，流失到香港，有的甚至是国外。晋侯稣钟就是这样流落香港又被上海博物馆原馆长马承源斥巨资购回的。

短短几年，遗址破坏严重，墓葬被盗掘情况十分严重。邹先生义愤填膺，非常痛苦。他向曲沃县有关部门反映，未有效果，又向山西省考古所、北大考古系、国家文物局反映，甚至受到盗墓团伙威胁。他跟自己的学生说过，可能会在此身殉考古，但那又怎样，文物必须保住。在这样的焦虑和痛苦中，邹先生终于盼到国务院责成山西省政府查处盗墓者。后来抓了一些巨盗巨贩，盗掘之事才逐渐减少。

盗墓可恨的是，不仅丢了价值连城的文物，还丢失了文物背后的信息，致使许多历史永远消失。

从1992年开始，考古人放弃原来按部就班一点点发掘的思路，重点发掘晋侯墓地。本来，在邹先生的概念里，远一些的晋侯墓地是要留给后来的考古人的，技术达不到，每发掘一次都是对文物的伤害，所以，老一辈的专家们都是以保护为主，《中华人民共和国文物保护法》也是这样规定的。可是这样的想法，却给盗贼留下了空子。就在考古发掘的过程中，墓葬还在被盗，燮父墓就被盗了，丢失的信息很重要。无奈，他们只好调整思路，先发掘没有被盗的墓葬。连续几年发掘，共发现西周早期到春秋早期的9组19座墓葬，其中已经有9座被盗。

那些年，他们发掘出了晋侯稣鼎、晋侯稣钟等文物，还确定了晋献侯墓。

山西曲沃北赵村晋侯墓地、晋侯邦父及夫人墓分别被列入

1992 年、1993 年全国十大考古发现。

2000 年，由邹衡先生主编的《天马—曲村 1980—1989》考古报告由科学出版社出版。

锁定唐晋，邹衡先生厥功至伟。

发掘后期，邹先生要整理报告，就把发掘任务交给了学生李伯谦，在几年的发掘过程中，邹先生是看着李伯谦他们那一批学生成长起来的。李伯谦先生做了这个遗址的第二任考古队长，一直到 2007 年。

李伯谦先生是 1979 年秋天来到这里的，他参与了那一年对这个遗址的调查、试掘，还有对翼城附近以及吕梁山区的实地考察。

1980 年他开始参与这个遗址的大规模发掘，住民房，吃干粮，甚至住过刚办完丧事的房子。艰苦的环境并没有让考古人退却，他们在近 10 年的发掘过程中，弄清了这个遗址的规模和重要性，而李先生就是发掘大军中的一员。那时候，吉琨璋、田建文他们作为北大考古系学生也参与了这项工作，他们的照片也悬挂在晋国博物馆里。

1992 年，晋侯墓地被发现后，李先生带队开始墓地的发掘。134 号墓就是他亲手发掘的，每次他坐简易的小吊车下到墓葬深处，都让学生捏一把汗，呵气成冰的冬天，他亲手清理遗迹和陪葬品；火热的暑天，他也不会落下一个环节。做标志，写日志，装袋子，写报告，直到一份清晰完整漂亮的考古发掘资料完成。他的行动就是学生的榜样。

有一次，他在下墓葬的过程中闪了腰，从那之后，落下病根。学术上，他发表了多篇关于晋国始封地、晋侯墓葬推定、墓葬形制、埋葬制度、器用制度的专门研究晋国的文章。

几十年的时间，他对晋国充满感情，至今都对晋国念念不忘。只要山西请他，他必到，只要来山西，他都要见见那些老同学老同事，叙叙旧，无丝竹管弦之盛，一觞一咏，亦足以畅叙豪情。他见证了那些重要文物的出土，见证了北大考古系在这里的实践，见证了许多人为了这个遗址所付出的艰辛。这也是曲沃方面请他出山给省长讲解，他也认为自己义不容辞的原因。

之后，吉琨璋先生成为该遗址的第三任考古队长，他主持了晋献侯车马坑的发掘，48辆车、103匹战马完好出土，成为当时的考古热点。晋侯墓地发掘完毕后，他参加和主持了绛县横水1号墓葬、曲沃羊舌晋侯墓地等多项重大田野考古发掘，对晋文化的研究从未停歇。至今他还在推进与这个遗址相关的后续工作，也代表"晋国"出席各项有关活动，2022年央视特别节目《中国考古大会》上，他侃侃而谈，向世人讲述晋国的几百年风云。

在那些出土文物里，鸟尊的故事最动人，可谓一波三折。

鸟尊碎片是在114号墓被发现的，113、114号墓在考古调查中被遗漏，直到被盗以后，才知道出现了失误，为此李伯谦先生还主动承担责任。发现被盗，就赶紧发掘，可部分文物已被盗掘。盗贼是用爆破手段进入墓葬的，人们看到鸟尊的时候，已经"四分五裂，身首异处"，可怜地躺在那里。

鸟尊出土后，连同墓土整体从墓室里切割下来，打包运回北大考古实验室。残破成100多块的鸟尊碎片，经过考古专家拼合、除锈、复原，才得以重新呈现。

修复后的鸟尊，高39厘米，长30.5厘米，宽17.5厘米，以凤鸟回眸为主体造型，头微昂，高冠直立。禽体丰满，两翼上卷。鸟背上的盖钮为小鸟形。凤尾下是象首，象鼻内卷上扬，与双腿形成稳定的三角形。凤鸟颈、腹、背有羽片纹，两翼与双腿是云纹，翼、

晋侯鸟尊

盖间是立羽纹，尾巴是华丽的羽翎纹。整个器物构思奇特巧妙，怎么看都是一件罕见的艺术珍品。

鸟尊的盖内和腹底还有铭文"晋侯作向太室宝尊彝"，铭文中的"晋侯"是燮父自称。吉琨璋先生在《三千年前晋侯鸟尊诠释"晋"从何处来》中说到，这个"晋"字是迄今为止考古出土最早的金文"晋"字，见证了燮父改唐为晋的历史。在周王室的爵序中，唐为伯，燮父继位为唐伯，改国号为晋，晋国爵序也提升为侯，燮父称晋侯，这件宝贝被命名为"晋侯鸟尊"。

2002年，刚修复起来的鸟尊应邀到上海博物馆展出，展出完毕鸟尊就去了山西博物院。

尽管鸟尊一亮相就征服了前来观看它的人们，但那时的它并不"完整"，刚出土时，象鼻子中间部分没有找到，专家们准备制作一个"仿真"象鼻，但象鼻向内卷还是向外卷呢？人们各执一词，争论不休，最终上海青铜器修复组成员综合多数专家的意见后，根据纹饰的走向修复成象鼻子向内卷的样子。

北京大学文保实验室在清理从晋侯墓地114号墓盗洞底部带回的泥土中的铜碎片时，意外发现了疑似象鼻的残块。2018年4月，工作人员将鸟尊运往北京，经过现场比对，确认是缺失的部分。经北京大学文物修复实验室、上海博物馆、山西博物院的多位专家的接力修复，一直到2019年，鸟尊终于完美"合璧"。

从2000年被发现，到2019年鸟尊合体，历时19年，鸟尊终于齐整了，齐整后的鸟尊又回到了山西博物院。

这个著名的鸟尊是做什么用的呢？

《周礼》中说到"尊彝"都是盛放酒浆的青铜器，有六尊六彝。六尊包括献尊、象尊、著尊、壶尊、大尊、山尊；六彝包括鸡彝、鸟彝、斝彝、黄彝、虎彝、蜼彝。吉琨璋先生说，晋侯鸟尊是六尊中的"象尊"，在六尊中位列第二，用来盛放醴酒，是摆放在晋国宫室宗庙的重要礼器。

苏秉琦先生在 1985 年 10 月召开的晋文化研究座谈会上，写下那首诗：华山玫瑰燕山龙……

晋文化从那时起，进入全国考古和文化研究的大棋盘中。晋国以及晋文化，为夏商周断代工程提供了有力的科学依据，周王朝的许多问题，比如战争、墓葬规制、昭穆制度、周朝国策的制定等等，都在晋国得到了答案。

考古发现，证明什么？

从博物馆出来，向西南走 1000 米，我走到了曲村。

村北都是田野，庄稼已回到农人手中，眼前只剩黄土，世界一片灰蒙，仿若历史之谜。历史从不以真相示人，每个人都只看见它的局部。

　　曾经这里人声鼎沸，北大的学子们隔年就会长途跋涉而来，带着导师和考古学家对他们的信任，一点点挖出真相——居址区、邦墓区、公墓区……他们也在惊叹竟然能如此完整地发掘一个西周遗迹，毕竟此前都是没有的事。如今已成为良渚博物院院长的徐天进在发掘过程中发生意外，差点被活埋进土里，一命呜呼，那些抢救徐先生的一双双手、一双双眼睛仿佛还在眼前，考古人与盗贼作斗争的惊险似乎也还在眼前，出土铜罍的水井仿若还在，但每个遗址，除了建公园、建博物馆之外，都会回填。如果不是在墓葬上建起博物馆，今天我们看到的那些墓葬也会回填。回填，便把故事和场景都带走了，如今寻来，也只能看见荒野。

　　在村里，我找到了"曲沃考古基地"的牌子。那些年，考古人都住在这里。考古学家苏秉琦在这里调查过、鉴定过文物；邹衡先生在这里摸过陶片；李伯谦先生在这里辨认过青铜器铭文；吉琨璋在这里叹息过三张古城只是春秋城墙；田建文读研之后，在这里整理资料，院外跑过他的身影，他从太原赶来，他要告诉邹先生，有人盗墓的消息……这座小院承载了考古人的欢乐和悲伤，遗憾与叹息，他们争辩，他们信任，他们好学，他们在这里成长成熟，又走向了更远的"战场"。

　　他们与晋国的缘分都是一辈子的。

　　他们在"奋战"的同时，抬头就可以看到垆顶山，就是这座山，山那边的人把这座山叫塔儿山。看到这里，大家就知道了，山的那边就是陶寺遗址。一山之隔，跨过了 1300 多年的光阴。而我跨过它，需要无数考古学家的指导和万卷书。

我来这里，是因为最近考古学家田建文在《两周晋都新认识》中确定了此处遗址是晋国早期都城。要看晋国博物馆，就不能仅止于博物馆本身，还要抵达整个大遗址，去体会那曾经的风云变幻，体会民族融合的脚步，哪怕曾血流成河。

此前，田建文坚决否认此处是都城，因为始终没有发现城墙和宫殿。尽管他早已提出"新田模式"，侯马作为晋国晚期都城就没有城墙，但他也不承认此处是都城。

"晋国都城"这个学术问题，就是个"坑"，只要掉进去，就爬不上来，得等人"救援"，多少人在这个问题上陷入迷茫。

各种史籍中，晋国都城有三都三迁、四都四迁、五都五迁、六都六迁、七都七迁等多种说法，还有太原、永安、平阳、乡宁、翼城、安邑这几处争议。等考古人介入后，经过多方调查和印证，排除五处，只留翼城。翼城周边经过调查后，最后目光又投向曲村一天马遗址。晋侯墓地的发现，又使晋国都城研究有了新突破，先秦时期，墓地一般都在都城附近。

考古人经过长期细致的工作，将所发掘的晋侯进行排序，从晋侯燮父一直到晋文侯，9 位国君长眠之地的发掘尘埃落定。

但都城的争议，现在的考古专家们也说法不一，但翻阅他们发表的各篇文章，不论是北大的李零教授，还是谢尧亭、田建文，他们的看法在慢慢趋于一致，即四都三迁，唐一晋一故绛一新田。

田建文在文章中，对邦墓区、遗址区1、公墓区、遗址区2、三张古城进行详细分析，认为水井底部出现的铜罍应该是贵族才能拥有的，他同意邹先生所说的："作新邑不一定筑城，所以天马一曲村早期晋文化遗址中尚未见到城墙的遗痕。"又通过"平市"戳记的发现和有关典籍记载，推理出还有一个"古曲沃"。通过梳理典籍，得出晋都迁徙为唐一晋阳一曲沃一故绛一新田一绛阳，他的结论是：唐还没有找到；晋水（滏河）之北，山南水北为阳，晋都就是晋阳；曲沃也不一定是确指的地方，位于河流弯曲处内侧，可以灌溉的田野，都可以称作曲沃；考古发现的遗址区2，可以考虑是曲沃所在地。晋阳与曲沃都在曲村一天马遗址，而新田与绛阳都在侯马。简而言之，包括晋侯墓地在内的大遗址，就是晋国早期都城。

要知道，邹衡先生刚来此处时，认为这里是初封之唐，李伯谦先生推定这里是一处晋国都城，但田建文依然坚定地反对权威，甚至以年轻气盛就能反抗权威而自得其乐，即使如此，邹衡先生对田建文的工作是满意的，李伯谦先生多年来还和田建文成了忘年交。如今田建文能修订自己的认识，说明学术人的宽博、仁爱和严谨。他们惺惺相惜。

走出曲村，看到了三张古城的一段城墙，荒草与黄土，掩盖了都城曾经的繁华。旁边就是滏河，水流已不大，也有弯曲的形状，弯起的地方如今可能也是"曲沃"，而这条河晋国人把它叫"晋水"。

沧海桑田，所有的一切都凝入线装书中，而国君们挽着夫人的手，含笑或含恨长眠。

晋侯墓地是研究西周的一把尺子

吉琨璋先生如此说。

周王朝的王墓至今没有找到，因此与周王朝关系最近的晋国墓葬就显得尤为重要。那时也有阴阳先生，叫冢人。冢人选择墓地有讲究：国君要和贵族分开，贵族要和平民分开。国君下葬遵从西周姬姓埋葬要求，墓是南北向，头朝北，墓葬还要选择依山傍水的好地方，庐顶山和滏水就是明证。西周早期墓群还没有遵从昭穆制度，也没有严格的鼎簋安排，一切还都处于没有严格规定的时期。

为什么会有晋国，学者们认定是"藩屏周室"，那时候分封了几十个诸侯，姬姓子弟、灭商的小国等都有了去处。据考证，姬姓封国就有50多个。无疑成王的亲弟弟叔虞必须去最关键的地方。那时，唐地还不稳定，且唐地居于镐京和成周之间，离镐京最近，周围又有戎狄环伺，封唐是在王朝旁边设立了一道防线，商人的复辟、其他部落的异心、戎狄的野心，都需要叔虞来对付。于是唐叔虞带着他的人马，跋山涉水来了。

而唐叔虞和他的后代，也不忘初心，拱卫或扶助周朝。但还未等到东周王朝结束，晋国就被韩、赵、魏三家分裂，国君晋静公被杀，晋国灭亡。

晋国600多年风雨沧桑，不仅仅属于晋国，晋国后期称霸春秋150多年，深刻地影响了中国历史进程。晋国坚持周王朝的国策，疆以戎索，或战或婚，把周围的戎狄都整合在一起，加快了民族融合的步伐；晋国在民族融合的过程中，在文化、技术、手工艺、治国方针等方方面面，改革旧体制和理念，开放胸怀，形成适合自己的特色政策，领先于各诸侯国。三家分晋后，韩、赵、魏三国继续深化改革，改革成果直接为秦王朝所吸收。

而万端无形遗产，都在晋国博物馆里塑形和隐藏。青铜器不说话，代替历史存在；墓葬不说话，满坑都是故事。无论是深埋地下，还是见诸天日，等待的都是有缘人。

我很喜欢博物馆的结束语，那也是我想说的话：

> 如果说，过去的你，能够远望一个大国的背影，那么，现在，你就能够说得出这个大国是如此的强盛，因为你来到这个大国的心脏！
>
> 如果说，过去的你，还不能够了解历史的作用，那么，现在，你就能够感受到对你强大的震撼和影响，因为每个人都是历史的传承！

那个曾指示建晋国博物馆、开馆后即被授予"一号荣誉馆员"

证书的山西省原省长孟学农同志，于 2021 年 4 月 9 日，专程来到博物馆参观，由杨治平、孙永和（曲沃县第一任文物局局长）、吉琨璋等人陪同。

云冈石窟

花叶见佛

武州川水又东南流，水侧有石，祇洹舍并诸窟室，比丘尼所居也。其水又东转，径灵岩南，凿石开山，因岩结构，真容巨壮，世法所稀。山堂水殿，烟寺相望，林渊锦镜，缀目新眺。

——北魏地理学家郦道元《水经注》

以飞天的姿势，飞行在叶的经络上，飘带随风飞舞，于万千尘缘的缝隙中，看到花的样子。那就从花蕊的中心越过尘世，越过盛放与凋零，越过红颜与枯骨，越过千年与瞬间，遇到一个博大的世界。

十方世界。

万物虚空。

在那个世界里，沉下去，才是高度；站起来，才是永生。那里有爱有慈悲，有暖有庄严。

一旦抵达，就不想离开。

那个地方在大同，在云冈。

一场大火

一场大火，熊熊燃烧。

那不是自然之火，是兵燹，是战火。

彼时是1112年。由东胡后裔契丹人建立的辽王朝，传至第九帝耶律延禧也就是天祚帝的手中。天祚帝可没有继承他的祖上耶律阿保机的雄才大略，而是同每一个末代皇帝一样，视政务为游戏，荒淫奢侈，游猎天下，不理国政，导致部族首领纷纷起兵反抗，内外交困，天下岌岌可危。

天祚帝对自己和王朝的结局都是没有预判的，不然，也不会命令女真族各部落首领在宴席间给他跳舞。一个命令激怒了完颜阿骨打，一场舞催生了大金朝。

完颜阿骨打起兵，开始了长达10年的伐辽战争，分东路和西路两路大军举起大旗。1122年，东路军攻下辽中京（今内蒙古自治区赤峰市宁城县），天祚帝逃亡。不久之后，完颜阿骨打病逝，西路军攻陷了辽西京大同府。

攻占大同的那一天，不知是谁点燃了第一把火。也许并没有肇事者，金王朝正是以优秀的铁骑兵和先进的火器而著名的。战争发起时，已没有了禁忌，打胜战役、消灭敌方力量才是目的，火器的使用让存在了80年的辽之陪都西京陷入火海中。

火龙舒卷，在空中飞舞，大同城的百姓们仿佛听到了天兵擂鼓的声音。他们眼睁睁地看着都城陷落了，房屋烧起来了，殿堂栋宇、楼阁寺观都烧起来了，火焰与彤云争辉，经久不息，浓烟往西而去，遮蔽了武州山的天空，百姓号哭声不绝于耳。当然，完颜宗翰胜了。夕阳怎敌朝阳？辽朝日薄西山，金朝厉兵秣马，不在一个维度上。神奇的是，大同依然是金朝的西京，这两个同出于东北黑土地的少数民族思路倒是一致，当然，这也与他们所据之地形地势有关。既然还要做西京，何苦让其燃烧殆尽？几千年历史，每一个崛起的王朝都要以毁灭前朝为代价，项羽当年进长安，一把火带坏了后人。

在这场大火之前，西京都城万佛列阵，佛法庄严，很多朝代的很多人都见过。

鲜卑族拓跋氏经过了几代人的努力后，由拓跋珪建起了北魏王朝，定都平城。那个时候的平城只是平城，还没有成为大同，要等到辽朝建立才有大同之名。戎马一生的帝王或许比常人更需要佛的护佑和加持，更需要在屠刀举起之后获得心灵的安宁，而这正是佛意的体现。这位皇帝还请来了高僧法果，法果对拓跋珪说："帝即如来。"于是就在距城16千米的武州山崖畔，发出开凿云冈石窟的美妙呼唤。

平城时代

云冈石窟的出世，与大同的发展史有莫大的关系。雄踞在山西北边的大同城，在历史上曾经创造过一个平城时代。它上承汉晋，下启隋唐，谱写了一首民族融合的赞歌，同时它也是文明发展的关键点之一。所以，余秋雨会说："中国由此迈向大唐。"

那个时代是从拓跋珪建都平城开始的。

拓跋是鲜卑族的一支，据他们自己说，也是黄帝的后裔。

鲜卑和契丹一样，是东胡族系。东胡，因居匈奴之东而得名，商朝时就在东北活动。考古上，东胡文化应为夏家店上层文化，这支文化的前身是富河文化，距今5300年。东胡人过着游牧狩猎的生活。到夏家店上层文化时，已经有了青铜器。至于黄帝的后裔这一说法，是鲜卑人后来才有的溯源。

东胡，被匈奴冒顿单于打败后，分为两部，分别退居乌桓山和鲜卑山。以山为名的这一支，就是鲜卑族。秦汉、三国时期，中原与匈奴之间的战争是主旋律，鲜卑是陪衬，与中原王朝时和时战。拓跋氏最早住在大兴安岭嘎仙洞一带，到东汉时开始迁移，《魏书》中有"南迁大泽，方千余里"，"山谷高深，九难八阻，于是欲止。有神兽，其形似马，其声类牛，先行导引，历年乃出。始居匈奴之故地"的记载。也就是说，他们历经千难万险，又有神兽帮忙，才迁到了阴山一带。

这个族群是好学的，几任管理者都倾慕汉文化，善于沟通、学习、交流，他们在迁移打仗的过程中，学会了国家管理。315年，拓跋猗卢建立了代国，北魏建国基础形成。338年，拓跋什翼犍即王位，把一个部落联盟改造成皇权国家。从什翼犍到自己的孙子拓跋珪，他们治国方向明确：向一个中原国家形式迈进，尤其是拓跋珪。拓跋珪花费了很大精力，剥夺部落酋长们的统领权力，将这些部落里的人改造成普通臣民，弃游牧而择农耕。

386年，拓跋珪召开部落大会，恢复代国，迁都盛乐（今内蒙古自治区和林格尔县境内）。同年四月，取"魏"字中的美好、伟大之意，改国号为魏，自称魏王，北魏正式开始。新的王朝开始了，征伐也开始了，征高车，胜后燕，能征善战的拓跋珪剑指中国北方的大好河山。

398年，拓跋珪迁都平城。他效汉制，建国家，定官制，重文化。之后历经拓跋嗣、拓跋焘两个皇帝，灭后秦，收大夏，破柔然，克北燕，降北凉，西逐吐谷浑，灭北燕、北凉，把那些星星点点的小国家都收入囊中，统一了北方。鲜卑的骑兵按照拓跋珪的指向，踏遍中国北方的山川河流。在冷兵器时代，谁掌握了一定数量的骑兵，谁就掌握了政权。

拓跋焘死后，孙子拓跋濬即位。

云冈石窟，真容巨壮

　　这位皇帝不仅聪明，长得还比较帅，在位期间平定内乱、休养生息、恢复佛教，云冈石窟的正式营建就是从他开始的。

　　从嘎仙洞出发的鲜卑人可谓筚路蓝缕，边打仗边学习，在社会动荡不安、战乱频繁时，强自身、壮力量、增智慧，创造了一个平城时代，这才是云冈石窟诞生的时间"壳"。

平城与佛法

　　大同在秦汉时期就是个小县城。再往前追溯，大同人是北京人的后裔，10万年前的北京人往西迁徙时，遇到古大同湖阻挡，就在大同定居了。春秋时期，大同是北狄人的地盘，战国时并入赵国，

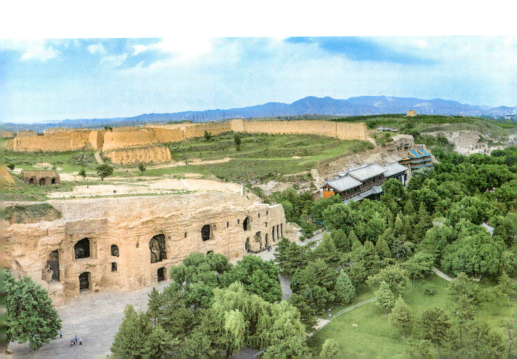

秦汉时期归雁门郡。等到两晋后期，大同迎来了能打仗的拓跋氏。

拓跋珪心里惦记着黄河两岸的大片土地，感觉自己的都城不能建在东北，因此东跑跑西跑跑，一眼看中平城。这个地方不错，位于400毫米等降水量线附近，进可农退可牧，随时可以转换身份，且三面环山，土地肥沃，怎么说都算得上一块风水宝地。

拓跋珪眼光确实好，按现在的理论，平城处于胡焕庸线和北纬40度线的交叉点。胡焕庸线，把中国分为东南和西北两部分，东南人多，西北人少。北纬40度线，是地球的"金项链"，坐落着许多著名城市。从地形上讲，大同也是人们南北东西往来，以及中原与西域往来的一条重要通道。这样的神奇聚合，自然是有特色的。

照着曹操的邺城（今河北省邯郸市临漳县），拓跋珪在工地上兴致勃勃地畅想着：这个皇都一定要成为最大最好的都城，要给后人留一块好地方。于是，天文殿、天安殿、天华殿三座大殿，加上金华堂、云母堂、东宫、西宫、鹿苑台等配殿也初具规模。宫城、社稷慢慢地都有了。

拓跋珪之后，几任皇帝又加以完善和扩建，一座大大的北魏皇城矗立在平城。

从398年到493年孝文帝决定迁都洛阳，96年间，平城的建设就没有停止过。

1500多年前的平城，有宫城、外城、郭城。宫城在北。外城城墙周回20里。郭城周回32里，人口100余万。不仅超过了汉晋时的洛阳、长安，也超过了当时古罗马君士坦丁堡和拜占庭。无论是国内还是国外，规模还是人口，平城可称作是公元5世纪的一座世界级大都会。

——马斌主编《三晋史话·大同卷》

一旦建成，平城就不仅仅是平城，而是世界平城。

于是世界上的人，都往来于他们的故乡与平城之间。

拓跋焘执政时，就多次派人出使西域，随后龟兹、疏勒、乌孙、鄯善、粟特、焉耆、悦般、喝盘陀、车师、破洛那、者舌、悉居半诸国都派了使者，千里跋涉来北魏朝贡。西域通往平城的长长的道路上，沙漠、草原、高山、平陆之中，行走着许许多多肤色各异、语言迥异的人，驼铃声、马匹踢踏声，还有欢笑声和金银玉器的碰撞声交织在一起，回响在万里道路上。

拓跋濬执政期间，北魏还与东罗马建立了联系，东罗马的商人经过伏尔加河与里海以北的草原丝路，通过粟特商人与中原进行丝绸贸易，伏尔加河畔留下了许多丝绸残片。20世纪的考古发现，证实了草原丝路的存在与发展。

几十年间，北魏一直向平城迁移人口，打下一个地方，就把人家的臣民迁过来，高车、匈奴、铁弗、高丽、柔然等，上万的臣民背井离乡来到平城。那时迁来的人，有商人、工匠、艺术家、平民、官吏，这些人分散在平城的角角落落，发挥着自己的作用。最不甘寂寞的是商人，粟特、大月氏、印度、波斯等国的商人，成群结队往返于路上。他们担负外交使命，也是文化艺术交流的使者，西域的工艺、歌舞、乐器、绘画、雕刻等源源不断涌来，对中国的文化艺术产生了深远影响。

这时的平城，"可谓是不同地区、不同族群、不同宗教、不同艺术，荟萃聚集，争奇斗艳，海纳百川，浩浩荡荡，灿然生辉"。（摘自杜学文《平城的云冈》）

平城，成为毫无疑问的国际大都市。

这是云冈石窟的地理"壳"。

大都市诞生大艺术。

佛教自汉代传入中国，经过众人努力，在中国扎下根。两晋时期，法显西行求法，加快佛教中国化进程，到北魏立国时，佛教已有一定的生存土壤。

北魏皇帝与佛有缘。

传闻拓跋珪征战时随身带着楠木刻制的佛像，时时摩挲，日日祭拜。定都称帝之后，曾在平城建立佛教寺院，建造十五级浮屠，亲自撰写《一切经》，铸造千尊佛像，请西域高僧法果在平城开坛讲佛，还为法果设了一个职位——道人统，监管天下僧侣。那时候的僧侣比较幸福，可免兵役，花钱有国家管，平时念念经就可以了，搞得平民也争先出家。

盛极必衰，皇位到拓跋焘手里，迎来历史上第一次灭佛。拓跋焘开始也是信佛的，后来发现老百姓为了逃避兵役，都躲进了寺庙里，社会财富也集中在僧侣手里，国库反倒空虚。他要打仗，要实现自己的雄心，没有兵源和财源如何能行？不可忍！于是向佛伸出屠刀，一时寺庙被焚、僧侣被杀、经卷被毁，传入中国近四百年的佛教，遭到毁灭性打击。

被打击的不仅仅是佛教，还有人心。

灭佛的拓跋焘，也被人毒杀。拓跋濬即位后听取身边人的建议，诏令复法，并在武州山造了一尊佛像。这位皇帝在僧众和俗众的推波助澜下，成了佛祖的化身，人们络绎不绝地来武州山参佛，武州山在拓跋嗣祭拜过以后再次以"神山"的面目出现。

拓跋濬就不仅仅是信佛了，他也许是自愿，也许是被裹挟着成为佛教的一部分，政权也与佛教合在一起。

这是云冈石窟的宗教"壳"。

一旦某个事物被神秘化，就有许多不可思议的事出现。据说有一天，拓跋濬骑马出行，在街上碰到一个老人，他的马就衔着老人的衣服不放，他的随从认出这是高僧昙曜。他下马作礼，将昙曜请入宫中，拜为沙门统（即道人统），总摄佛务。

这就是《魏书》中著名的"马识善人"事件。

最重要的是昙曜来了。

云冈石窟的时代来临了。

昙曜，云冈石窟背后的高僧

昙曜遇文成帝拓跋濬，于是"昙曜白帝，于京城西武州塞，凿山石壁，开窟五所，镌建佛像各一，高者七十尺，次六十尺，雕饰奇伟，冠于一世"。

昙曜是哪里人，说法不一，只知道他原来在凉州习禅。这个名字，在古文中的意思是从密布的云层中照下的一缕阳光。他是一名俘虏，是大移民中的一员，他来时还很年轻。即使在太武帝灭佛期间，他也能做到"密持法服器物，不暂离身"。终于，他由一个名不见经传的僧人迎来了自己的人生巅峰。

460年，昙曜五窟开建。

开窟需要的钱财和人力，拓跋濬都给足了。国库、府库里的钱，"官民外使之金钱"都给昙曜，长安、西域的工匠，外来的能工巧匠，也全归昙曜指挥。昙曜手里攥着的可是北魏皇家大工程，不亚于皇陵和王城修建等大工程。

你不是要灭佛吗？

我便不建以砖、土、木为原料的佛寺，我把佛与山融为一体，火烧不尽、水冲不坏，山即佛，佛即山，永垂不朽，你拆不了了。

你不是要灭佛吗？

帝即如来，我的佛就是皇帝化身，从东向西，拓跋濬、拓跋晃、拓跋焘、拓跋嗣、拓跋珪，一字排开，以帝王之容颜，以佛之健硕身躯，永存。灭佛的，我雕刻；建国的，没有来得及继承皇位或者毫无建树的，我也雕刻。帝是如来，如来是帝，佛法已深入石头里、深入朝廷里，假以时日，你总不能掘了自己。

不得不说，昙曜是经过深思熟虑的。虽然法果早就说了，帝即如来，但真要把帝化成永久的如来，是需要智慧的。佛法又一次以博大的胸怀，将三界一切光明与污垢都融在一起。这个念头一起，佛光肯定普照武州山，只是凡人凡眼不识罢了。

那座山堂水殿、遗世独立的建筑渐渐显现。千锤万凿，万名工匠，一时锤凿声响彻武州山野。石屑飞溅之时，诵经的声音也此起彼伏。佛像还未雕凿完成时，迁移过来的、慕名而来的僧人、商旅、文人、雅士、兵士、农人们就开始在雕凿声中虔诚礼佛了。他们也钦敬地望着工匠，那些皲裂出纹路的一双双手，会给人们雕出希望，雕出爱悦，雕出平安。工匠们在经声抚慰中静下心来，慢慢审视着石头与佛像之间的距离，再一锤一锤地击打出神圣与庄严。这是他们的修炼过程，他们的笑容与汗水都在石窟里存放着，只要细细琢磨就能看到。一时间，这里人来人往，汉人、鲜卑人、粟特人……还有分不清种族的。经声是他们共同的语言，不同的嘴唇中念出一个声音，那是重如千钧的咒语，可消世间罪孽。

经历战争、灭佛之后的世人的心灵，因这些雕凿声得到了抚慰。

拓跋濬是满意的，也许还携自己的皇后冯氏站在佛像前自得地微笑。

但这样的寓意只是暂时的。拓跋濬想不到，他们的容颜只是一个样子，存留在山中窟中，而后世来祭拜的人，他们祭拜的是佛，皇帝逝去了，佛法永存。

静默。

万佛静默，绿叶间走来走去的是昙曜的身影吧。

细碎的阳光就是他的袈裟，他挺拔高瘦，削肩长颈，宽额淡眉，两眼炯炯，穿行在他开凿的五窟之间，犹如佛一般的镇定，也如太武帝灭佛时，他躲藏在民间七年也初心不改的坚定。他等到了文成帝拓跋濬对他的召唤。开洞和佛身是由弟子们带领工匠完成的，只有佛头和佛指是他深思熟虑一点点"敲打"出来的。黑黝黝的洞窟里，只有少许光线，布满飞尘的石头，那些禅意绵绵也帝相庄严的形象早就在暗夜里成为他的长明灯。他只需要把心里的佛搬出来，尽管这可能耗尽他的体力，但他甘之如饴，佛法普照的梦想一天天近了。他替拓跋珪完成了木质佛像到石质佛像的转变，他也完成了生而为僧的使命，验证了石头比任何物质都恒久的真理。

昙曜五窟落成，他也应该化身为一尊佛像，矗立于万佛阵中，或者成为穿透云层的那一缕阳光，以至于我今日能透过花叶，借着阳光的映照，看到了佛的真容巨壮，也看到了昙曜本身。他安详地立在小广场上，守护着他的佛、他的窟。我们无须寻找他，他有他的佛世界。

石窟，慈悲的佛世界

越来越多的人，越来越多的窟，越来越多的佛、菩萨、胁侍、天人，万佛阵终成。佛乐轰鸣，平城的天空，云也低垂做祭拜状，鸟也静默做庄严状，众多飞天以万种姿态从笨拙到轻盈飞入天空，佛世界充满了慈悲。涕泪横流，这灵魂的归宿啊，竟要穿越几生几世才能遇见。

花盛开了，草低伏着，叶舒展着，万物皆作佛场。

花叶与佛构成三千世界。

这样盛大的场面，世上只有一次。从昙曜开凿，一直到孝文帝迁都洛阳，这里的雕凿之声都没有停歇。

前前后后上千年，云冈石窟形成东西绵延约1000米，主要洞窟45个、大小窟龛254个、大小造像5.9万余尊，占地面积约40万平方米的世界艺术宝库，气势恢宏壮观，谁来谁惊叹。

那日，我在婆娑的绿叶之间，看到了露天的大佛。他们说那就是拓跋珪，尽管有希腊鼻子，还穿着印度的湿衣，他们也坚定地说，那就是道武帝的化身。

站在窟外的广场上，看到的就是许多大小不一的窗口，那也是一尊又一尊佛像端详世界的窗口。

既来之，则悦之，逡巡的目光掠过这人类胜迹。

昙曜五窟就是现在的第十六到第二十窟。佛窟是典型的"草庐形式"，穹隆顶，外壁雕有千佛，开明窗，平面呈椭圆形，窟内佛像均为三世佛造像。第十六窟即出钱出人开窟的拓跋濬，他站在莲花座上，眉清目秀，很是英俊，高鼻、深目、宽肩。第十七窟为没有来得及登上皇位的拓跋晃，倚坐须弥座上，古印度装束。第十八窟为拓跋焘，站立窟中，披千佛袈裟，衣袂飘飘。第十九窟为拓跋嗣，结跏趺坐，吉祥手印，是云冈石窟第二大雕像。

第二十窟就是拓跋珪啊，窟前建筑在辽代的那场大火中已经倒塌，佛像结跏趺坐，肩宽、耳长、眼大、臂长，庄严肃穆。不仅我看到了他，人们来此一游，看得最多、膜拜最多、拍照最多的都是这一窟。这是明星窟，人们在无形中，在佛像的注视中向北魏开国并定都平城的皇帝致敬。

昙曜五窟，多受古印度、古希腊造像风格影响。在这一大组造像中，佛的上身占据了整个身躯的2/3还多，下肢粗壮短小，却得支撑整个身躯，可我们站在窟前看，却没有头重脚轻的感觉。为什么呢？原来，人们在佛窟的有限空间看大佛是仰视，而这种"失调"的几何比例，在我们看来却是宏伟壮观。

据说最神秘的是第三窟，高僧法果早就在武州山发现了天然石窟。武州山下是从北部草原进入平城的官道，拓跋氏本就崇拜石室，

云冈石窟第三窟，从任意角度看，都充满禅意

他们的先祖就在嘎仙洞有石室，于是有天然石窟的武州山成为灵山。法果开了第一个窟，就是第三窟。第三窟也是最大的窟，造像最晚，最后也未能完工。专家说，云冈石窟始也第三窟，终也第三窟。很大很大的石窟里，佛像有的被风化，许多故事也不完整，但整个石窟与昙曜五窟相比，更浩大、更深邃、更宁静。窟外有飞鸟自由地飞翔，无论从任何角度看，都充满禅意。当然，法果开的这第一个窟并不能算作云冈石窟的开端。

有点蒙，如果法果开的是第一个窟，昙曜正式开建的却是第十六到第二十窟，这样的编号是怎么来的呢？

原来是20世纪50年代日本两个年轻学者水野清一和长广敏雄的"杰作"。1938年，这两个人来到大同，见到了石窟，发现有许多难民住在这些珍贵的石窟里，遮风避雨也避难。烟火熏黑了佛的脸，这两人心疼不已，他们就出资把难民安顿到别处。从1938年到1945年，这两个人在这里又写又画又拍，最后完成了一部《云冈石窟》，于1955年出版。就在这本书里，他们把保存较好的洞窟从东向西编号，后来便沿用了下来。

第五、第六窟相连，佛像服装为褒衣博带。第五窟坐佛为云冈最大佛像，窟内各壁和中心柱雕刻佛、菩萨、罗汉、飞天、供养天、迦楼罗等像，还有佛本生故事，是一幅完整的石雕连环画，这时已体现出鲜卑族改革的痕迹。

第十二窟，是平城国际地位的一个展示窗口，佛在其位，菩萨随侍，飞天飞舞，花草、神瑞、亭台、帷幔、藻井、山川、鸟兽穿插其间，每一尊造像都有不同的神态，嬉笑怒骂、思索入定、安详端庄，真是应有尽有。人世有多少表情，这里就有多少表情，让人不禁怀疑，莫不是把那个苦乐参半的俗世搬进了石窟，让佛也体会人世的欢乐或苦楚？乐声响起，乐伎飞舞，这是一个让人留恋的音乐世界呀！

各个佛窟各美其美，纵目远眺，却是美美与共。

众目凝视，人们看到了力量和美。蒋勋在《美的沉思》中说道：

第五窟阁楼上层东侧佛像，一颦一笑，精美绝伦

> 早期云冈佛像中的端正严重、雄浑无畏的巨力，仿佛再次唤醒了中国内在阳刚而威猛的精神……这种巨大的石刻作品，接连着大自然的山脉石壁，在岁月中斑驳漫漶，成为人抵抗时间灾难的一种悲壮之情的暗示。

这些佛像不仅是鲜卑族把自己的生命精神渗透到艺术领域的体现，还是全体参与者的信仰和人格的显示。万万千千的工匠、艺术家、平民把一个时代镌刻进佛像中，也把人们对时间的抵抗，对现实的反思镌刻进去。

精神永生。

精神力学又诞生了艺术之美。

艺术之美

艺术之美还在于佛像。

昙曜五窟的佛像基本是外来风格，主佛像躯体粗壮，宝相庄严且坐姿稳定。尤其是第二十窟主像，双肩齐挺，胸部厚实，身材魁伟，着贴身的袒右肩服装，这是印度本土的秣菟罗艺术风格。三世佛中的过去佛和未来佛，却着通肩袈裟，这是犍陀罗艺术风格。可以这么说，昙曜五窟就是多元文化艺术融合的见证。

而昙曜本身就来自凉州，佛教传入的路上，以新疆拜城、库车的龟兹石窟最早。昙曜带着凉州的记忆，只需要把脑海中的佛像和西来的佛像有机地结合在一起。

昙曜五窟中有一尊像是与其他佛像有区别的，那就是第十六窟的拓跋濬。这尊像面貌清秀，身材挺拔，褒衣博带。

褒衣博带，也就是宽袍大带，是当时的流行服装，从汉代开始受到汉人、士大夫喜爱，一直流行到北魏。

这里隐藏着北魏的服制改革。在拓跋濬之前，拓跋珪早就开始沿用中原古礼，追求和效仿原来的衣冠礼仪。"郁郁乎文哉，吾从周"，北魏在真正地恢复礼仪，如果北魏时孔子还在的话，那他应该是很高兴的。拓跋濬带头穿上了褒衣博带，云冈中晚期佛像的着装就都随了他。

如今来看，这种衣服宽大，领口呈"V"字形敞开，内衣缀有缚带，胸前打结至腹自然下垂，左衽、右衣襟长带顺其自然搭在左小臂上，整个服饰看起来飘逸又自然，外披袈裟，向两侧大幅度散开。最典型的在第六窟。

褒衣博带是云冈佛像佛衣式样，但并不仅仅属于造像，它还是一种"魏晋风度"。汉末两晋，社会动荡，却造就了一批名士。这个名士群体不拘礼法、逍遥洒脱，他们把汉代流行的儒生装束改造后穿在身上，让他们的气质越加潇洒飘逸。"越名教而任自然"成了风气，"魏晋风度"形成了，这风度影响了后世的文人风骨。

这是特定时代的审美，石窟把时代刻在石头上。

而云冈晚期佛像又呈现出"秀骨清像"的风格。

顾名思义，这种造像特点就是清秀瘦削、长颈削肩，连人物衣裙都是流动的长线条。

"秀骨清像"源于画家陆探微，当北方战乱不断的时候，人们纷纷南迁，艺术也就由质朴粗犷转变为清秀飘逸。这种风格在南方形成，返回来影响了北方，随着孝文帝的改革，出现在云冈石窟，以第十一窟为最。这是绘画艺术在石头上的呈现。

当这个民族渐渐与中原文化融为一体时，佛像衣饰变化也就顺理成章。

从云冈石窟几十年的雕凿中，可以看出北魏王朝的改革过程，也可以看出中国艺术史的发展历程，云冈石窟是真正的艺术宝库。

石窟内除了佛、菩萨的尽力雕琢之外，其余雕刻也各具特色。诸天仆乘、龙、金翅鸟、夜叉，还有各个护法形态各异，同时具有中外多种风格。横笛、琵琶、箜篌，一时间仿佛梵乐响起，进入了一个璀璨的佛世界。

除此之外，云冈石窟中的莲花图案、忍冬纹饰、狮子座等都带有古埃及的风情，车马、万字纹等带有古希腊的元素，湿身造像是印度笈多艺术风格，连环画有犍陀罗特点……万宗归一，全部融合，北魏僧侣、匠人、艺术家创造了石窟奇迹。

石窟的艺术之美仅仅是表相吗？

蒋勋说："云冈石窟中就常常有在一个佛龛壁面上遍布上千上

万同样佛像的单元重复做法，使视觉上产生一种单音连续的合唱，进入宗教吟诵般的升华境界。这种对现世的否定，对心灵静定世界的向往；这种对自身劫难的悲苦意识，以及在漫漫的时间苦海上心灵的彷徨无告，原来都并不是中国美术的主题，却在战乱连年的世代，寄托在异国的宗教下成为中国人心灵上审视的对象。"

也就是说，欣赏云冈石窟不仅仅靠视觉，更是心灵上的体味、沟通与确认。那些身体上受着苦役的工匠，借助巨大的愿力，在一尊尊塑像上刻上自己内心的欢喜，同时忘却生活的苦难。他们相信，花叶中透过的阳光，可以抚慰和鼓舞苦难中的灵魂。因此，佛、菩萨都在笑。因此，我们安静了，世界安静了。

中华民族从新石器时代起，就是一个包容、融合的民族，对所有有价值的东西都能纳百川归入海，不论是艺术、宗教、文化、政治，还是理想。在融通中，中华文明成为越来越先进的文明。

北魏时，形成了一个把理想、信仰等都刻在石头上的时代。以云冈石窟为代表，我们这个族群把生命和历史都融入了石头中。这样巨大的石雕，在农耕文明与游牧文明的长期融合过程中，起着重要的作用，也影响了后来石窟的建设。这样，我们就可以在广袤的大地上，时时从石头中读取我们中华民族一以贯之的勤劳、创造的精神。

或许正是这样的理解，让考古大家宿白先生长眠于此。在这里与众佛谈经，看飞天歌舞，也是幸福的。

以云冈石窟为坐标，听到天下大同的脚步声

东魏西魏之后，隋唐再度统一疆土。又是几百年离乱之后，辽朝为防西夏侵扰，更云中为大同，建立西京。众多与佛有关的建筑，包括云冈石窟、华严寺、大普恩寺，重建或修缮，构筑起三千佛世界。就在这都城内，香火愈加繁盛，人们忘却了灾难与伤痛。

正如李修文所说：

> 天上降下了灾难，地下横生了屈辱，但在半空之中，到底存在一丝微弱的光亮。

云冈石窟一角

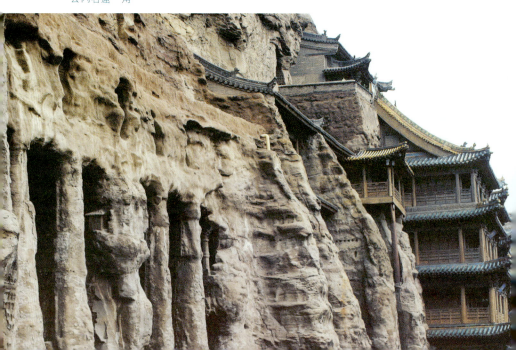

虽然朝代更迭，战乱频仍，但终究，这无数的佛，带来了温暖的光亮。

直到那次大火。

完颜宗翰攻下了西京大同。这是个马背上的强者，自幼英勇善战，曾劝完颜阿骨打称帝，灭辽的主意也是他出的。他领兵出征，一路势如破竹，大同在他的铁蹄铁臂下，燃起覆灭的火。

大火烧掉了石窟前的大型木结构窟檐，以至于今天我们只能在石头上看到之前建檐的小孔。

金朝学汉，以儒家为基本思想，也兼道、佛、法。完颜宗翰继任西路总管，坐镇大同。他看到战争之后的满目疮痍，深知自北魏以来大同便是佛教圣地。佛法广大，慈悲能救治创伤，他下令修复战火带来的毁灭。

城垣是要修的，加固、扩展，建宫室。最重要的是那些飘飞在空中的神灵需要安放。

云冈石窟要修。

> 以河流近寺，恐致侵啮，委烟火司差夫三千人改拨河道……重修灵岩大阁九楹，门楼四所……凡三十楹，轮奂一新，又创石垣五百余步。
>
> ——《大金西京武州山重修大石窟寺碑》

　　规模更大了，重新修竣历时三年半。终于，众佛可以各归其所，安守香火。

　　一时间，金代的西京冠盖如云。朝代更迭，风云变幻，金代重建的许多殿宇寺塔又消失在历史长河中，而那些以佛教为身心安宁之所的人们，又一次次地站起来。河流早已不是过去的河流，建筑不是过去的建筑，但禅意还是丝毫不减的吧。

　　我的灵魂穿行在花叶之间，看浮世倒影，感慨万千。我看到了一切，顿悟了许多，也忘却了辽末那一把火。火，点燃了建筑，但烧不了历史、烧不了精神。

　　我曾在绿叶婆娑中见到拓跋珪的身影，还曾在云冈石窟的高台间被自己绊倒。或许世间该有情，但不是简单的男欢女爱，而应是临万物而有情。

　　在尘世间被俗事羁绊，我们每个人都会被自己撞倒。撞倒的那一刻，我们习惯归因于外物，实际上我们是被自己内心的杂物撞倒的。繁华如云烟，红颜转眼就是枯骨，可人们还是跋涉名利和情感的千山万水，以至于累积了一呼一吸间八万四千个烦恼。

　　花蕊渐渐闭合，叶也收起羽翼，一切都恢复原状，所见、所听、所说、所思、所忆、所闻皆如一场梦。

　　飞天着薄衫，继续在世上化度。

　　眼睑闭合之间，时间之箭矢已送我回归尘世。花叶见佛，我见花叶，俱生云烟，耳边响起奇妙的声音，有迦陵频伽的吟唱，那是极乐世界的梵音；以云冈石窟为坐标，有不绝的钟声，那是天下大同的脚步声。

五台山

千重佛意，清凉世界

五台之山，高出云、代，然不与岳镇之列，《山经》《禹贡》以及道书所称"洞天福地"，均莫之载。盖自昔为释子所栖。故与峨嵋、普陀，号"三灵山"。之三山者，或在海上，或当巴蜀险远之区。惟兹山寺神京之右，千里而近，宜登陟者较多焉。

——清康熙《御制中台演教寺碑》

此刻静坐屋内，窗外有雪花飘落，转瞬即融。朝着东北方向望去，那年朝台的虔诚像这雪花一样，淡淡然飘向心窍，融入我的灵思。

那些年，我的心浮沉在这世上，茫茫然没个归处，五台山的清凉、文化积淀、辉煌建筑，成了绽放在我心上的莲花。从清荷出水惦念到莲花初开，我是想去那清凉胜境，把浮尘和忧烦放下，养我的眼和心，也积累自己对山西和山西文化的认识。等待了许久之后，属于我的机缘来了。

用了四天去朝台，从南台开始，然后是西台、中台、北台、东台。一路走下来，一路心境澄明。

南台　锦绣峰　诉不尽的山河锦绣

简单的行装，一顶遮阳帽，一双运动鞋，跟着朋友就到了台怀镇。

第二日的凌晨4点起床，从白云寺开始徒步，开始的山路比较好走，我的体质还算不错，但到半山腰时，疲累开始出现。我知道，真正的苦修开始了。要超出自己的负荷，能不能承受？我问自己。那一刻，我想无论如何，我得试试。

天，是被我们走亮的。背着天光，继续走，无数个台阶之后，太阳"噌"的一下，就蹦出山梁梁。登高望远，那是我第一次直击日出，对自然之美充满敬畏。

风奏雅乐，彤云列阵；

鲜花供养，万物朝拜；

佛光在绿色的山野中一点点闪现，

牛羊偶尔说话，

梅花鹿静静地与我对望，

心境澄明。

在心里记下这些诗句，我咬着牙，一直走，不敢贪看美景。心在继续与退却之间起伏了两次，想归想，步子并没有停下，终于在四个小时之后，抵达南台锦绣峰，看到了普济寺。

在普济寺里拜过智慧文殊之后，走出寺庙。站在天地间，极目四望，确实锦绣啊！山披蓝霭，寺沐霞光，鸟在吟唱，云在飞翔。绿色的草与树环抱着牛羊群，山花点缀其间。真美！

穿梭在森林中，高一脚低一脚，穿多了热，脱了又冷，这一冷一热就是一沉浮；植物静，动物动，这一动一静就是一菩提。静寂亦欢喜。

一路的心颤腿软，一路的锦绣风光，这路、这景也是李希霍芬走过的路、见到的景吗？

神思追溯到1871年9月，李希霍芬来到了五台山。很多中国人都知道他，包括研究丝绸之路、研究旧石器文化、研究晚清历史的人。

这不是他第一次来中国。他的到来，目的不单纯。

五台山，诉不尽的山河锦绣

　　鸦片战争爆发后，那时的中国在外国人眼里就成了"鱼肉"，美、英、俄等国虎视眈眈，不平等条约开始签订。普鲁士政府也闻风而动，于1860年派外交使团出使东亚。使团中就有李希霍芬，他接受了一个秘密任务，就是到中国来选址，选一个类似于香港的地方，建成他们的商港和海军锚地。这一次出行，让他对中国产生了浓厚的兴趣。

　　经历了一番周折，一直到1868年，他才得以踏上这块他认为是"具有巨大的科学考察价值"的土地。他给自己制订了7条考察路线，

从1868年开始，他陆续走过了中国十几个省的山川河流。第7条路线是他考察时间最长的一次。从1871年9月到1872年5月，在这长达9个月的考察中，他从上海登轮到天津，再到北京，然后到宣化、张家口，再转到大同，之后登上了五台山。

就在我满目所及的草木葱茏中，他发现了裸露于地表的绿色片岩及有关岩层，并为之命名——五台层绿泥片岩。他的发现在世界地质科学界引起极大轰动。

之后的130多年间，世界各国的地质学家追随李希霍芬的足迹相继来到五台山，调查，研究，创立了中国古老地层系统中寒武纪的"五台系"理论，沿用到今天。

地质学家的研究，给出了五台山的地质年龄——25亿年以上，是地球上最早露出水面的陆地之一。

是李希霍芬，向世界公布，山西储煤可供世界几千年的消费。

也是他，首次提出从洛阳到撒马尔罕有一条古老的商路，并命名为"丝绸之路"。

李希霍芬离开五台山的那一天，或许还回头望了望这山、这景。他回国后，前途就像南台灿烂的日光，学术和社会地位像坐了火箭似的上升，声名鹊起。

他的发现让别国觊觎我们的矿产和文化，也为当时我们的国难带来了一定影响，尽管我们的地理学和地质学是在他的调查基础上建立起来的，我们也不知道该如何褒贬他。

而我们今日的五台胜景，在没获得我们同意的情况下，无可奈何地为他的地理地质理论奠基。

站在南台呼吸山顶的空气时，我已能完整地回忆出五台山的起源与形成。32亿年前，山西大地火山活动，岩浆横溢，地壳拉张。到新太古代中期，五台海洋盆地形成。新太古代晚期，地壳受到挤压，地层发生变化，隆起为山。经过风化和剥蚀，25亿年前，五台山形成。到6亿年前，整个山西上升为陆地。这是中国地质学建立起来以后，科学家们长期研究的成果。

而俗世中像我一样的朝台者，并不研究科学，只知道，天地玄黄，宇宙洪荒，留给世间一块清凉地。

锦绣峰，是天地的鬼斧神工。

西台　挂月峰　草木繁盛国际问佛路

从南台下山，往西台走，钻树林、爬山坡、走大路、抄小路，好不容易才找到水草滩村，夜宿杨师傅的家。杨师傅纯朴亦温暖，甜甜地笑着，招呼我们简单洗漱、吃饭。到现在，我还记得他的笑容。

躺下，一直到月华初上，有银光挂在天空时，我才安静地睡去。

第三日凌晨4点，赶往西台。步行6个小时后，27000步，连走路都打晃了，我终于登上西台挂月峰。

走进法雷寺，拜过狮子吼文殊菩萨。

寺前的蓝天映衬着白云，瞬间涤荡了我的心境。想起那个偈子，"一入清凉境，便生欢喜心"，我在西台任意游弋的云朵下，心生诸多欢喜。我从南台走来的路也清晰起来，或是草场，或是森林。青青山上草，漫山遍野，草与木，在西台书写着自己的神话。

《易经》曰："天地变化，草木蕃；天地闭，贤人隐。"几千年前，先人便把世间真相以神秘的八卦方式作了喻示。

蕃，即繁，这草木如此繁盛，也是五台的繁盛。

法雷寺前站着许多人，年轻的、年老的，男的、女的，中国的、外国的，俗世的、出家的，他们无一例外，目光清澈，有如释重负的，有圆满开解的，有欢悦说笑的，有欣赏美景的。

曾几何时，这里也和我看到的一样，活动着许许多多的国际僧人。从古至今，五台就不仅仅是中国的，也是属于世界的，天下众生熙攘而来。

汉代，佛教初入中国，古印度高僧迦叶摩腾和竺法兰就来过五台山。迈过两晋南北朝，唐代的五台山成为全世界佛教徒的圣地。僧众们的"远征"开始了。

朝鲜、印度、尼泊尔、日本、斯里兰卡等许多国家的佛教徒穿梭在五台山，他们有的祭拜过就走了，有的住下来潜心研究佛法，还有的参与了五台山的建设。印度高僧含光和纯陀主持建造了大唐国家道场之一——金阁寺；日本高僧慧萼从五台山迎出观音像，回国时因风浪受阻，将观音像留在普陀山，遂使普陀山成为观音菩萨的道场……无法一一列出他们的名字，那是一份长长的清单。

在我的印象里，最清晰的就是日本高僧圆仁法师的身影。圆仁法师在唐文宗开成三年（838年）随日本遣唐使藤原常嗣来到中国，840年，来到五台山求法。他在《入唐求法巡礼行记》中写道：

> 五顶之圆高，不见树木，状如覆铜盆。遥望之会，不觉流泪。树木异花不同别处，奇境特深，此即清凉山"金色世界"，文殊师利现在利化……入大圣境地之时，见极贱之人，亦不敢作轻蔑之心。若逢驴畜，亦起疑心，恐是文殊化现欤。举目所见，皆起文殊所化之想，圣灵之地，使人自然对境起崇重之心也。

很多年后，修行者弘一法师，说出四个字——悲欣交集，大约就是圆仁初到五台的感受。见之、观之、闻之，便对五台的花草树木、飞禽走兽也虔敬起来。彼时的大唐，不仅有高僧和遣唐使从日本渡海而来，日本举国都在学习大唐文化，谁能想到千年之后，他们会向这个大国举起屠刀？

不仅有日本高僧，彼时的印度高僧佛陀波利也来到五台山，修建了善住阁院。据传，此僧受到文殊菩萨接引，引入金刚窟内，再没有出来。

还有印度僧人菩提仙那。他在五台山求法之后，又东渡日本，成为日本国总寺院——东大寺的僧正，也就是日本佛教事务的最高负责人。从五台山到东大寺，菩提仙那是桥梁和纽带。

和菩提仙那一起来五台山学习的还有安南（今越南）僧人林哲法师。

印度般若法师于794年来到五台山，与五台山高僧澄观国师一起翻译了《华严经》。

可以看出，佛教中国化以后，印度高僧离开佛教发源地，于此隐没，亦能感知五台山的愿力之大。

还有狮子国（今斯里兰卡）的不空三藏法师，是玄宗、肃宗、代宗三位皇帝的灌顶大师。他笃信文殊，请皇帝大力弘扬文殊信仰，使五台山成为佛教名山之首。

唐代之后，外国僧人依然往返于五台山与他们的国家之间。元代，尼泊尔工艺家阿尼哥设计和建造了大白塔和万圣佑国寺。尼泊尔高僧室利沙，在明朝受到两位皇帝器重，坐化后，部分舍利存于五台山普宁寺。

等等等等。

这些来五台山的人，有的又把文殊信仰带回了他们的国家。相传，文殊菩萨是尼泊尔的保护神。很久以前，尼泊尔的人们在高山峻岭间生活艰难，曾向文殊祈求解救。慈悲的文殊菩萨听闻，便从五台山来到尼泊尔，劈山开湖，建起城市，人们开始在这里幸福地生活，并创造了尼泊尔早期文明。像这样的例子还有很多，因为佛教信仰来五台山，又从五台山出发，走向世界。

就像那些磕长头而来的僧俗人众，越来越多的信徒来到五台山，各民族同居一山，同拜一佛，亦成我今日眼中一景。

天地流变，五台的风龙云虎之势以草木的微小示现，双脚踏的是小草的绿，悟得通的是和。南来的，北往的，那些外国僧人在五台山，交流的何止是佛学呀！五台山包容、博大，在人类文明史上画下了自己的"千里江山图"，体现出中华文化强大的包容力。

中台　翠岩峰　青黄相融五台山

在西台吃了一碗斋饭，去往中台。

中台与西台之间，距离不算远，一路都是草甸，走着走着，心境越发澄明。

我的身边匍匐过一个人，一步一个等身长头，磕着往前走。他的脸红红的，与善良的藏民一样，身上全是灰尘，可他的眼神是那样的澄明和坚定。我便跟在他后面，慢慢向前走。

几个小时后我抵达中台翠岩峰，峰顶宽阔，如雄狮静卧。低头看地，地上只生"鬼见愁"。这种根系甚大、大风来了也刮不倒的香草，才适合生长在高寒山巅。山间放牧的人和牛羊，构成了一幅高山草甸图画，有特殊的美横在眼前。

抬头看天，离天这么近，也许怕热的时候，可以拽一朵云来遮凉。

在演教寺里拜过孺童文殊菩萨之后，下山，去往澡浴池。澡浴池在中台通往北台的路上，传说中，文殊菩萨在这里沐浴过。

在路上，我碰到一只黑色的狐狸，纯黑色的身体，白色的尾巴，我竟有些特殊的感觉。我呆呆地停下，黑狐向我走来，眼里闪烁着平和的光。越来越近了，我不说话，和它对视。我不知道该做什么，一直到后来来了几个人，黑狐一扭身，瞬间就跑远了。我想，这世间就是由相聚和分离组成的，有时自知，有时看不到。

其实除了黑狐，放眼四周，还有许多小动物，它们在各自的世界里安乐着，这也是一个充满生机的动物世界。

在澡浴池住下，晚上不能洗澡，半夜也没了电，睡下时却在想，这澡浴池，是不是著名的玉花池？

几百年来，玉花池、罗睺寺、寿宁寺、三泉寺、七佛寺、金刚窟、善财洞、普庵寺、台麓寺，以及涌泉寺这10个寺庙都是藏传佛教的寺庙。

藏传佛教出现在五台山，最早还是在北宋元祐年间呢，希解派祖师帕当巴桑结在五台山留下了藏传佛教的足迹。我们是如此熟悉"元祐"这两个字，因为我们熟悉的司马光、苏轼、黄庭坚、秦观等人，都是元祐党人，他们在北宋的宦海中沉浮。

元宪宗七年（1257年）的夏天，忽必烈带着大国师萨迦派五祖八思巴登上五台山，朝拜了文殊菩萨。八思巴到了这清凉世界就不想走啦，住了一年。随后，八思巴的弟子胆巴也来了，就住在寿宁寺，不久，另一个弟子意希仁钦也来了。他们都与皇权有直接的关系，自然就有一定的力量，于是藏传佛教就在五台山兴盛起来。

到了明代，黄教出现在五台山。去过西藏的朋友都知道，格鲁派的标志就是黄帽子，人们称其为黄教。永乐年间，黄教高僧哈立麻在显通寺住了一年多，永乐皇帝还因此重修了显通寺和大白塔。

清代，帝王们都对黄教尊崇有加，康熙5次来朝台，把上述10个寺庙改为黄庙，菩萨顶成为五台山黄庙之首。乾隆6次朝台，听活佛讲经，在菩萨顶举行祈愿大会，在镇海寺给三世章嘉活佛"金顶玉葬"，黄教在五台山越发兴盛。

五台山成了和尚、喇嘛共同敬仰的圣地。再想想戏曲中的各种流派，其实都是人对世界的认识不同，论从心出，因此世界纷繁复杂，当然也可以说是多姿多彩。

就这样，一代一代地推动，藏传佛教与汉传佛教在这里共存相融，黄庙与青庙（汉传佛教的庙）在这里穿插矗立，相映生辉，不同民族的僧人俗人在这里和谐共处。

就在这澡浴池里，住过什么人呢？可想而知。

如今再到五台山，可见持香祭拜的俗人，也可见跪磕长头的僧人，人们都是带着愿望来这里朝拜的，许许多多世界各地的人都是因为这里的信仰而来的。五台山，竟以一山之力，容千山之流，汇

千佛之意，融世界之大同，无上的气场和繁荣。

至今，五台山仍然是中华大地上唯一青黄两教并存，多民族和睦相处的佛教圣地。

想来，这是中台。中，虽然最早是测日影的，可当儒学占据我们意识形态的主导地位之后，便有中庸、和的意思。和，和了万邦，融了民族，宗教力量不能小觑。

神思如乱云飞渡，等仔细追究的时候，才发现，这澡浴池，不是池，而是寺，创建于隋开皇元年（581 年）。古有涌泉时隐时现，大约是这泉水的洁净甘洌，文殊菩萨才来这里沐浴的？不过现在的寺庙是近些年修起来的，一旦修成，人们便带着虔心和香火而来。

而玉花池，也不是池，在中台，就是我们看过的万寿寺，是不空三藏法师及其弟子在唐大历五年（770 年）主持修建的。《清凉山志》中有记载，这里曾有莲花开于池中，晶莹如玉，故叫玉花池，明代改称万寿寺，传说曾有五百罗汉在这里住持。

人，还是不能想当然，虽然我们免不了想当然。池非池，花非花，雾非雾。在感叹中睡去。

北台　叶斗峰　佛教中国化的历程

第四日凌晨 4 点，从澡浴池出来，往北台走。抬头满天繁星，北斗清晰地挂在空中。黑暗的夜里，用手机的手电筒照着山路，埋头走路，不问里程，一直向前，一个小时后，叶斗峰就到了。

只差几秒钟就能拍到日出了，真是遗憾，但拍到了日出后的美景，那些剪影有时光赋予的层次美。

放眼望去，五台山的每缕阳光都是美的，只是我们只能专注于脚下。

叶斗峰是华北最高峰，有"华北屋脊"之称。《清凉山志》中说，北台顶是与北斗星的勺把相连在一起的。想到这一点，"不敢高声语，恐惊天上人"的感觉就出现了。近天的台上，人欲做飞天，却是高处不胜寒。太冷了，所有的衣服都穿在身上，还觉得冷。蜷缩成一团，在灵应寺前，拜过无垢文殊菩萨之后，我便专注于眼前的景。

这高处，真是一览众山小啊。东有渤海湾，西有大沙漠，北有京都，南有黄河、长江，纵目所及，是整个中国吧。怪不得有人说，如以北台为圆心画一个圆，可把古代都城都框在内。

穿越这浩瀚，就在这高高的接近天穹的地方，北魏孝文帝曾驻跸过。

孝文帝为何来？对了，五台山何时成了佛教圣地，又如何成为文殊菩萨的道场？

面朝西，心慢慢沉静下来，仿佛这样便可追溯"佛祖西来意"。

公元前800年到公元前200年，坐落在北纬30度线附近的多个地域和国家，集中诞生了一批充满灵性和智慧的智者。他们仿佛是约好了的，几乎同时来到这个世界，用他们的思想，为这个世界点燃了一盏盏明灯，照亮了人们的来路和归程。这些智者用心力和智慧，点亮了各种文明，并且从自己的居住地向世界各处蔓延。这一时间段被德国哲学家雅斯贝尔斯称为人类文明的"轴心时代"。

这批智者中，中国有老子、孔子，古印度有释迦牟尼。老子的《道德经》闻名天下，他是道家学派创始人。孔子的一部《论语》就是半个天下，他是儒家学派创始人。释迦牟尼创建佛家学说，他是佛教创始人。儒、释、道三教影响中国几千年，与每一个中国人息息相关。

释迦牟尼本是古印度迦毗罗卫国的王子，但他从年老、疾病、死亡和贫困的痛苦中顿悟人生的真谛。随后外出修行，历经苦思，终于明心见性，大彻大悟，佛法随之诞生。释迦牟尼也被称为"佛陀""佛祖"。

佛法讲究一个"缘"字，五台山便与佛有奇缘。禅宗达摩祖师就曾说过"东方有大乘气象"。

其实，佛教进入五台山之前，五台山本身就极负盛名。据记载，春秋末期，晋国大臣赵襄子在北岳恒山狩猎，看到五台山方向有"紫云之瑞"，于是入山寻访，还真遇到了圣人。这圣人是谁，我们今天并不知道，但可知那时五台山已颇具盛名。

在中国传统里，"三山""五岳"由于地理关系，本来就很神圣。远古蒙昧时，人们就开始了祭山行为。佛教传入，与这种传统相结合，名山大川变得有了灵魂。五台山作为佛教名山之首，备受尊崇。

《清凉山志》记载，五台山与佛教两者之间产生关系，始于古印度两位高僧——迦叶摩腾和竺法兰。

据说汉明帝曾夜梦金人，大臣告诉他，这是西方佛陀在托梦。明帝便派人往西寻访，找到迦叶摩腾和竺法兰，延请二人到东汉传法。永平十一年（68年），已来到中国四年的两位高僧从洛阳北上，云游到五台山，见山势如同佛祖修行的天竺灵鹫山，心生感叹。回到洛阳后，"奏帝建伽蓝"，五台山的佛缘由此延展。这座伽蓝，当时称作"大孚灵鹫寺"，也就是现在人们看到的显通寺。从此，佛教开始在五台山发展起来。

到东晋时代，道安、慧远两位大师在五台山传法，五台山的佛教传播就已经有了不小的规模。到了北魏时期，孝文帝来了。

北魏定都平城，五台山的位置类似于京郊地区。佛教兴盛时，自然五台山就会进入崇佛的皇帝的视线。

在孝文帝之前，北魏太武帝拓跋焘进行了灭佛运动，许多僧人无法生存，便逃进五台山，这样反而促使五台山的佛教更加兴盛。

孝文帝是太和五年（即481年，也有说是太和二年的），在巡幸肆州（今山西省忻州市）途中，路过五台山的。他来到五台外围的莲花山。一天早上，他刚走出驻跸地，就看见东边山顶上出现一个彩虹样的神奇光亮，光亮中浮现出一尊菩萨影像，似在宣扬佛法。孝文帝的心被这光亮和影像触动，便觉祥瑞之兆附身，于是决定在这松柏苍翠的山间修建一处寺庙作为弘法道场。这座寺庙日后因梁思成和林徽因而天下闻名，这便是隐藏在敦煌莫高窟壁画上的佛光寺。

孝文帝在北台住过后，崇佛之心日盛，后来还在五台山上建起了清凉寺、真容院、北山寺等 12 座寺院，还重建了大孚灵鹫寺。五台山初步形成了一个规模宏大的寺院集群区。

之后的朝代都是在帝王的主导下对五台山的寺庙进行修葺或重建。

寺庙或佛像作为佛教的物质载体，从诞生的那时起，就附带着俗世祈求。换一个角度想想，也正是历史中的这些帝王顺势而为，懂得民心如水，可载舟亦可覆舟的道理，把佛教作为他们治世的工具，而那些平民，也愿意把自己的心事附丽于建筑，这才为我们留下了数不清的文物。这些宝贵的文物与五台山的无限风光一起，成为我们的物质财富，也成为中华文明的一部分。

众生皆称五台山为文殊菩萨的道场，却极少有人去探究它的出处和来源，毕竟在早期世界里，人们懵懵懂懂，佛教也是西来的，肯定是某个时期，才赋予这样的说法，且深入人心。那么，到底始于何时呢？

隋文帝在五座峰顶建了五座寺庙，并放置五方文殊菩萨像。这五寺五文殊应该是文殊菩萨道场得到官方确认的前奏。至于隋文帝为何要修寺置像，据说是他听到一个传说：文殊菩萨扮成一个和尚，把气候恶劣的五台山地区变成清凉无比的天然牧场。当然传说就是传说，我们听听便罢了，并不可信，但自五顶有五寺后，信众可到东台看日出，西台赏明月，南台观山花，北台摘星宿。我自度，隋文帝应是从佛经中看到并猜度，毕竟有迦叶摩腾和竺法兰二人建寺的先例。

唐太宗曾颁发一道诏书，诏书中说，五台山是庄严的文殊道场，是诸佛的栖息地，是大唐王朝的植德之所，所以必须度僧建寺，虔诚供养。因这道诏书，五台山又建起了多座寺院。

武则天是继北魏孝文帝之后推崇五台山最厉害的皇帝，她重修清凉寺，敕琢文殊像，把五台山提升到了国家道场的地位。这位出自山西的女帝，曾在664年恩许狮子国僧人释迦密多罗礼谒五台山。

释迦密多罗于667年来到五台，和当地官员、信众等50多人一起礼拜灵山。当时的随行人员中有一位蓝谷沙门，法名慧祥。慧祥后来于669年第二次登上五台山，把三枚玉石舍利函分别安置于中台和北台的则天铁塔内。之后，慧祥在五台山住下来，详细考察灵山后，写就了《古清凉传》两卷。

慧祥在撰写《古清凉传》的过程中，由清凉谷、清凉寺想到了《华严经》中的清凉山，从隋文帝、唐太宗、武则天的行为中得到启示，想到了文殊菩萨的应化道场。于是他在写作过程中，论证了五台山就是清凉山，就是文殊菩萨的道场。

这个结论一出，因有文字记录，又因武则天的肯定，五台山的地位便超然起来，更成了著名的佛教圣地。佛教由五台山传入朝鲜半岛、日本，五台山也敞开大门，众信徒慕名而来，奠定了五台山国际文化交流中心地位。

再说文殊菩萨，《华严经》和《宝藏陀罗尼经》中，都有"东方清凉山有文殊菩萨居住"这一说法的记载。

五台山五峰分布于东、西、南、北、中五个方位，完美地诠释了佛教的空间理论。五智、五眼、五蕴（亦称"五阴"）、五乘、五浊、五佛都可安置于五峰，仿佛此山生来便是为佛教准备的。《清凉山志》有记载，说文殊菩萨"五智已圆，五眼已净，总五部之真秘，洞五阴之性源。故首戴五佛之冠，顶分五方之髻，运五乘之要，清五浊之灾矣"。自然风光殊胜的五台山，于我是圣地，是妙意，可我却得花很长的时间才能懂得在空间上，这神奇的五台，竟也有大地的用意。

文殊菩萨司智慧。文殊菩萨弘扬般若法门，以开发大脑之聪明智慧而断灭因由，成就佛陀正果。因此就有人认为祭拜文殊菩萨，人就会变聪明，俗人大多因此功利心而来。

佛教中国化的历程是缓慢的，循序渐进的。

从汉代佛教进入五台山，到孝文帝驻跸建寺，再到历朝历代皇帝推崇，北魏时一句"帝即如来"，还把佛教推向世间俗众。中国人自己的祖先崇拜，儒学中的经世济人，以及西来的古印度智慧，都在五台山融合，佛教中国化了，成为中华文明的一部分。

佛教中国化的标志，是佛教各宗各派的建立。在这个过程中，有文殊信仰的五台山起着中流砥柱的作用。北魏时，法聪和道宣开始了律宗在五台山的建立和推广历程；澄观大师创立华严宗；法照大师在五台山创立净土道场；唐时，不空三藏法师在五台山创建了密宗；志远法师在五台山弘扬天台宗；玄奘法师和窥基法师创立唯识宗；巨方、神英、智通等禅宗大德都曾在五台山弘扬禅宗……各宗各派在五台山开辟道场，建立僧团，又从五台山走向全国和全世界，五台山以及山西，影响了世界文学艺术的方方面面。

五台山，是世界的五台山。

东台　望海峰　望得到恢宏胜景

冷冷的天地间，寻不到孝文帝的气息，那就继续往前走吧。四个半小时后，登顶东台望海峰。云朵在天上肆意地游弋，世间静好。只是体力消耗得厉害，所幸路很好走。

中午，天不冷了，雾开云散，可以看见山下胜景。

从东台延伸下一座小山峰，人们呼之为"黛螺顶"，它就像一个海螺扣在那里。站在黛螺顶，南台、北台、中台横空出世，山下就是台怀镇，一群塔、庙、寺庄严地平铺在那里，心，若被美袭击，

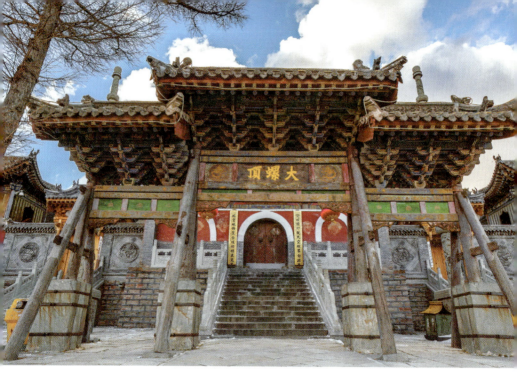

五台山黛螺顶，曾名大螺顶

悸动得发疼。

这是佛教中国化历程中的物质显现，不同朝代、不同国家的僧人和民众，在这里心与身俱安，然后建起了这辉煌、林立的建筑群，这也是一个殊胜的旅游处。

众多塔，拥有不同朝代特征的多个塔挺立在那里，可安放灵魂，也可怀旧沉思。其中的大白塔还因挺拔的身姿、如玉的颜色，成了五台山的标志性建筑。只要举起拍摄的机器，便能一眼看到它，看到它，便觉心灵圣洁起来。

大显通寺、殊像寺、菩萨顶、碧山寺、罗睺寺、广仁寺等寺庙，这些来自不同朝代的建筑，带着不同朝代的记录和不同人的愿望，带着各自的传说和故事，带着古建的恢宏和壮丽，静静地立在那里。很多高僧从那里走过，许多放不下贪欲的俗人也从那里走过。它们和他们都是五台山辉煌的见证者，且随着时间的叠加，愈加有历史、宗教、文化等方面的价值。

在各具特色的诸多寺庙中，殿堂、影壁、牌坊、望柱、台阶上，都雕刻着那些无名工匠的悲喜爱恨。这是一个时间和故事的海洋，解说它需要时间和精力。但即使沉浸其中，有的也成了谜。

当然还有一个谜——顺治是否在五台山出家。相传，顺治帝在董鄂妃死后，就在五台山镇海寺出了家。按清廷管理之严密来说，此说并不可信，但人们还是愿意相信顺治真的落脚于此，大约是猎奇心理所致吧。

抬眼再往远处望去，应该能看到两座古建，当然是佛光寺与南禅寺。两座唐代建筑，佛殿出檐深远，如展翼欲飞的鸟儿，带着孝文帝的祥瑞之兆，带着大唐气象，熠熠生辉。

站在这东台，真是看不尽的五台、说不尽的文物，恨只生双眼，不能将五台尽览。好在我也只是抛砖，人们尽可虔诚乘愿而来，奔向你心目中的五台。

美五台

在东台留下一张合影，算是这次朝台圆满。

站在山下回首，忽然意识到，我的朝台路，与徐霞客走过的路有一定的重叠。那一年是明崇祯六年（1633年），徐先生来朝圣。他从南台开始，到西台、中台、东台，最后到北台。他把最高峰留到最后。徐先生离开五台238年后，五台来过一个外国人，他是李希霍芬……

除了地质的殊胜，我还看到了五台山的四时风光。南台有春之明媚，西台有夏之凉爽，中台有秋之艳丽，北台有冬之雪霭，各具风骨。阳光照射时，有霞光普照，如披暖帛锦被。云雾起来时，山间呈现难以描述的美景。山洼之间，还有未化的雪，自然山舞银蛇，原驰蜡象。山间偶尔会有绿色露出来，有素雅美，沧桑美，独钓寒江雪的美。

听说，在五台有时能见到阳光、风雨雷电同时出现的景象，这是其他地区难见的情景，而我没见到。

在五台，森林是主旋律，草甸也唱着属于自己的副歌。山间有鸟兽创建了自己的王国。想来，五台有一个自己的世界，有一个自己的时空。对于这自然，来朝台的人自是欣赏且珍惜的。尽管人声鼎沸，但不能惊扰这个时空的安宁。

美五台

在五台山的朝台之旅中，我体会到了心灵与胜境的契合。离开的时候，台怀镇下起了雨。

2009 年，五台山被联合国教科文组织世界遗产委员会以文化景观列入《世界遗产名录》。

> 五台山位于山西省忻州市，是中国四大佛教名山之首，以浓郁的佛教文化闻名海内外。五台山保存有东亚乃至世界现存最庞大的佛教古建筑群，享有"佛国"盛誉，五台山由五座台顶组成，珠联璧合地将自然地貌和佛教文化融为一体，典型地将对佛的崇信凝结在对自然山体的崇拜之中，完美体现了中国"天人合一"的哲学思想，成为持续 1600 余年的佛教文殊信仰中心——一种独特而富有生命力的组合型文化景观。

这是联合国教科文组织世界遗产委员会给出的评价，这也是以时代认可的方式为五台山作认证。

五台山上有一种花，叫文殊花，色泽金黄，可清热解毒，提神醒脑。见此花如见菩萨，仿佛四处弥漫着灵气，一花一世界，见花见智慧，也见证佛教中国化的全过程。

五台山的地质研究还在持续中，每年都有许多地质专家穿行在古地貌中。他们细心地呵护着古湖泊、古岩石、古山体，那是中国人对自然的敬畏。天人合一，多年来，一直坚守。

如今，朝台已经成为一种生活方式，大朝台的人越来越多了。

天龙山石窟

松涛声声迎佛首

此山松柏青翠，林木葱茂，既具天然之生成，复有人工之修饰。胜境之佳，在环省诸山中实属罕见。且峰峦秀美，泉声淙淙，气候清爽，幽雅绝俗。游者于此，辄有不忍即返者。

——明嘉靖《太原县志》

佛首运抵天龙山的那一刻，霞光满天，那绚丽的景象，惊呆了天龙山上的人。再看佛首，那微笑与天空有着同样的华光。莫非是这微笑，触发了天地间的华光？

终于回家了。漂泊近百载的佛首，在 2021 年央视春晚与广大观众见面之后，引发无数中国人的牵挂，"回家"成了中国人更是太原人最热烈的期盼，现在终于历尽劫波，缓缓归矣。

交接仪式举行的那一天，是 2021 年 7 月 24 日，天龙山气温飙升，松柏、花草都在微风吹动中绽出欢悦的笑靥，观礼的人无不热泪盈眶。时任国家文物局政策法规司司长陆琼向天龙山石窟博物馆馆长于灝颁发了文物入藏清册，天龙山石窟"第 8 窟北壁主尊佛首"真正回到了自己出生的地方，回到了自己的家。

回家，是中国人最浓厚的情结，天龙山这位"母亲"，张羽翼，稳情愫，鸣鼓乐，迎接自己的"孩子"。天地也是感知到这种情这种意，才以这壮观景象示现的吧？

天地之所以欢悦，是因为这回家的路，太难了，也太痛了呀！

佛首百年回归路

2021 年的央视春晚，接近零点时刻，虽然预告已家喻户晓，但真的从海外"回家"的天龙山佛首的出现，还是瞬间点燃了中国人的爱国之情，观众热泪盈眶。

大约半年后，终于等到了佛首真的回"家"。回家的那天，"复兴路上　国宝归来"天龙山石窟回归佛首特展也同时与游人见面。围绕着归家的佛首，珍贵文物、历史图片、数字复原图、3D 打印石窟等，一遍遍地"讲述"着文物的调查研究、考古发掘、修复保护、流失与回归。

从那天起，走到天龙山的人们就能看到"最美微笑"，也能回溯佛首回归的艰辛历程。

天龙山石窟在东魏"出生"，默默地承受着风吹雪打，日晒雨淋，千百年的时间，野草吹又生，甚至还有松柏从岩石间努力拱出来。青翠的松柏也没能阻挡石窟的衰败，到清朝时，这里成为被世人遗忘的角落。

如果永远被遗忘该多好，也不会有后来的劫难。

20 世纪初的中国，上百年的封闭式自大，错过了与海洋文明同步的机会，也把自己的破绽显露在世界面前。如同传教士们所说，这个东方大国是个不设防的国家。

"没有买卖，就没有伤害"，古人诚不欺我，天龙山的经历验证了这句话。

20世纪初，国难当头时，野草丛生的天龙山石窟，先迎来的是德国建筑学家鲍希曼，一纸《天龙山的礼拜——1908年5月7日之访问》引起世界关注。

接着是美国艺术收藏家弗利尔来考察，出版《佛光无尽——弗利尔1910年龙门纪行》，并在自己的美术馆展出天龙山石窟图片。

然后是日本建筑学家关野贞，著书演讲，宣传天龙山。

1920年，日本和欧美的画家、摄影家先后来天龙山收集资料。

1922年，又来了一个外国人，如果知道佛像将会因为他导致身首分离，我想，整个天龙山都不会欢迎他，当然利欲熏心、丧尽天良者除外。这个号称"中国艺术百科全书"的瑞典人，名叫奥斯伍尔德·喜龙仁。

喜龙仁来到天龙山，就被天龙山的胜景迷住了。等他再攀爬到野草荆棘覆盖的石窟，看到佛像时，他快要疯了。他以为他见到了佛国圣境，佛、菩萨微笑着，宝相庄严，莲花也具足佛意，他仿佛听到妙音鸟在歌唱。他一窟一窟，从东向西看过去，太美了，简直太美了，比他在波士顿美术馆看到的南宋《五百罗汉图》还要美。他发疯似的按动相机快门，他欢快地喊叫着要把这美留在他的相机里，也要把天龙山石窟展示给更多想知道中国的人。

又是两年后，天龙山悲惨地迎来了山中定次郎和他的商会。

这是个比喜龙仁更疯狂的日本人，喜龙仁只是喜欢，并未破坏，而这个人，却是发疯到想把佛像都带走，真是让人恨得牙痒痒。这匹"狼"来之前，已经看过常盘大定和关野贞合著的关于佛教史迹的书，书里的佛像让他惊喜。如果这是他自己国人写的，感觉还不够强烈的话，那么西方人拍下的就直接刺激到他了。喜龙仁拍下的，法国摄影家让·拉蒂格拍下的，都很让人震撼。再仔细端详，那些佛像已经被凿过，一个恶念在心中升起，既已被凿，那就继续凿，别人能凿，自己也能凿，于是他来到了天龙山。

当我第一次看到天龙山的照片，就被那里的石窟和造像深深地吸引住了……这里珍藏了北齐到隋唐时期，中国佛教艺术最鼎盛时期的辉煌，它们给予我的惊讶和喜悦，无法用语言表达。

这个无耻的人，记下了他曾经的感觉。

山中定次郎像喜龙仁一样，一窟一窟地欣赏石窟和佛像之美，欣赏完还得意忘形地在石窟洞口合影。

观看是容易的，带走就不易了，但他有足够的金钱。与敦煌如出一辙，天龙山也有一个王圆箓那样的人，他就是寿圣寺住持净亮。山中定次郎看到了贪婪的目光，他用金条和银子砸中净亮的贪欲，佛的信念化成灰，于是收买就变得很容易。

回归的第8窟北壁主尊佛首

　　净亮收到钱，疯狂的锤声响起，叮叮当当，与当初凿窟同样的声音，响彻天龙山，山中定次郎的锤子砸得天龙山特别疼。一车一车的佛像被运往山外，漂洋过海。后来，山中定次郎在日记中详细描述了他的盗运："40多个佛头被砍下来，装成箱运到北平，然后由北平运到日本。"

　　"遗像全部遭到破坏，其惨状令人悲痛心酸"，这是常盘大定说的。天龙山石窟大规模的盗凿活动开始了，到1930年，石窟中几乎所有头像都被盗割一空，有的造像甚至全身被盗凿，破坏程度为中国石窟寺惨烈之最。

　　同时，山中定次郎所在的山中商会，发出了收购天龙山被盗造像的启事。

天龙山造像大规模被盗，震惊世人。

民国政府坐不住了，曾责成太原县政府驱逐住持，也确实要求过，要切实保护天龙山的文物，对盗取、私自移运者，务须严办。但那个时代，政府的作用有多大呢？1933年冬天，天龙山石窟盗凿案在北平破获，主犯被捕，可是山中定次郎及其山中商会却无人提及。

那样的时代，贼人净亮仅仅是被驱逐出寺庙，惩罚轻而又轻，竟然再无人为此事担责。卢沟桥事变爆发时，天龙山的造像已遍及欧洲各国，那些身首异处的佛像该有多么痛苦呀。天龙山造像以这

天龙山第8窟外景

种方式走向了世界。

怎一个"惨"字了得。

从山下能望见山上的绿意葱茏，但知悉这惨烈之景，山中回旋的已不是松涛声声，而是"叮叮当当"的锤凿斧斫之声。百孔千疮的不仅是巨石和山体，还有人心。这声音响在耳边，不是建设，而是损毁，是罪恶。

叮当声，伴随着佛首落地的声音，还有那些穷凶极恶的欢叫声，这喧哗竟然盖过了佛像的呻吟。

想要获得尊严和胜利，就得使自己的躯体强壮，使自己的思想强大。人如是，国家也如是。

21世纪，国力强盛的中国终于有能力迎接我们的国宝回家，用多种方式，倾各方之力，一件件、一个个、一尊尊，流失的文物终于又踏上我们的国土。2020年回归祖国的第100件文物便是我们的天龙山佛首。

热泪，这百年来中国人尤其是太原人的热泪，滚沸着，迎接着慈悲也美丽的佛首。这一举动，不仅仅是因为一个佛首，也不仅仅是因为一次回归。

而回归的路程，从来都是那样的艰难。

2020年9月14日，国家文物局监测发现日本东瀛国际拍卖株式会社（以下简称"拍卖行"）拟于东京拍卖一尊"唐·天龙山石雕佛头"，随即就把此消息传给太原市文物局，经组织专家鉴定研究，结合外村太治郎 1922 年拍摄的《天龙山石窟》相册，确认此佛头为第 8 窟北壁龛内主尊佛首。

2020 年 10 月，国家文物局向拍卖行发出《关于停止拍卖天龙山石窟佛头的函》。拍卖行接函后，作出撤拍决定，终止有关宣传。国家文物局与拍卖行董事长张荣取得联系。张荣是浙江杭州人，旅日华侨。10 月底，张荣与日籍文物持有人谈判完成。经国家文物局沟通，张荣将佛首捐献给中国政府。

经过一系列紧张而烦琐的程序后，2020 年 12 月 12 日 12 时，佛首抵达北京，点交入库。

2021 年 2 月 11 日，佛首在央视春晚与所有华人共度除夕，迎接新年的钟声。

2021 年 7 月 24 日，佛首回到天龙山，成为第一件回归天龙山属地的流失海外文物。

终于回来了。

我们自己的文物，却得自己再出钱购买，且得用国力作保障，才能再回到它的原生地。

百年荣辱沧桑，终归五味杂陈。

那些贪婪的欲念，起因是佛像的美。美的，往往也是脆弱的，由此还创造了残缺美、破碎美，呜呼哀哉！

天龙山造像，之所以历经沧桑，除了当时的国情，还在于它的存世价值，专家把这价值称为"天龙山样式"。

天龙山样式

掩映在天龙山半山腰的东西峰石窟，有一条时间链。

天龙山最早开凿的是第2、第3窟，也同云冈石窟其中一组一样，是双窟，印度草庐形式，开凿于东魏武定年间（543—550年）。北齐时，凿出第1、第10、第16窟。到了隋代，584年开凿第8窟。其余洞窟均为唐代所凿，《大唐勿部将军功德记》碑文中记叙了勿部珣将军和夫人在天龙山敬造三世佛像的事，其中第9窟最大、最著名。

回归的佛首便是第8窟北壁的啊，历尽劫波归来，即使隔着1400多年的时光，依然微笑如昨，眉梢眼角都是佛意绵绵。此刻它安详地立在山脚下的展馆里，尽管身首分离，再不能回到它自己的身子上了。

沧海桑田，还是变了模样。

从东魏到唐代，叮叮当当的开凿声在山上响了一百多年，无数个工匠或自愿或非自愿地来到山间，这一百多年，变的是外面的世界，城头变幻大王旗，却没改变刻下佛像的那些工匠的心。他们坚守自己的禅心和世俗愿望，一点点雕出这些窟、龛、像。工匠们把自己心头的想象或者家人的模样刻成佛、刻成菩萨、刻成飞天、刻成与佛有关的花草，刻成佛头上面的藻井。甚至某一个菩萨形象就是某一个工匠的爱人。维摩、文殊说法，树下思维菩萨，东方香积世界的阿閦佛（不动如来），南方欢喜世界的宝相佛，西方极乐世界的无量寿佛，北方莲花世界的微妙声佛，还有居于中央的毗卢遮那佛（大日如来）以及观音、弥勒，他们都在，他们都在笑，他们都是工匠心境的外化。

东魏时，工匠们雕出"秀骨清像"，北齐至唐，他们雕出"曹衣出水""吴带当风"，外界的画作都是他们学习的榜样，他们记得每

石窟内漂亮的藻井

一位画家的名字。记得北齐画家曹仲达，佛像便有出水湿衣的样子。记得东晋画家顾恺之和南朝画家陆探微，便将佛像样式与士族文人样式相结合，刻出体态清瘦、精丽润媚。记得南朝画家张僧繇，便把"张得其肉"之精髓，雕凿在佛像上。像，丰腴健壮，佛，走向俗世。记得唐代画家吴道子，佛像便婀娜多姿、高雅柔和、雄健优美，神与人，已相当贴近。

就在这山间，佛像一年年在雕凿，技术在一年又一年地继承。那些工匠的姿态是开放的，可吸收一切外来元素，他们的内心是平和的，把俗世祈求都平实地一刀一刀刻了下来。所以，即使朝代不同，风格有些差异，但佛像内在气质是一样的，神态高雅、姿态优美、体态丰盈、自信开放、生动传神。这样的佛像变化过程和内在气质，专家称之为"天龙山样式"。

时势变化，佛像留下来了，工匠们却永远地沉寂于历史长河。

时间有情，留下来的不仅有北朝、隋唐的造像发展历程，还有前廊后室的古建结构案例、佛像本土化的追求、石窟艺术的成就、历史及人物的固化，更重要的还有这极具中国审美的天龙山样式。

天龙八景

除却这石窟，天龙山在明代形成的天龙八景，每每被人提及。

总有人问天龙山的名字从何而来。有人说取自《易经》中的

"飞龙在天"。明万历二十三年（1595年）靖安王胤龙所撰《重修天龙山寿圣寺殿阁记》中说，天龙之名缘于"蜿蜒如龙跃之势"。明嘉靖二十五年（1546年）《重修天龙寿圣寺记》中说，天龙出自佛经中的天龙八部。时至今日，人们大多取天龙八部之义。

不论山名从何而来，山景是无疑义的。

站在山顶进门处，举目四顾，层峦叠翠，数十里皆是松柏环绕，即使冬日来临，也不减绿意葱茏。这无尽的绿，是古意，也是新生。世间万象，纷繁变迁，而这碧翠却有增无减，也因此，这里成为国家森林公园的腹地。同时，这也是天龙八景第一景"崇山环翠"。

漫山阁，即第9窟，居于西峰险要处。雨过天晴时，云雾在此处停驻，如同仙境，这就是天龙第二景"佛阁停云"。

站在漫山阁向对面的香炉峰看去，峰峦如涛，山顶时有薄雾，远远望去如青烟自炉中升起，构成天龙第三景"鼎峰独峙"。漫山阁上有泉水，泉上有白龙洞，那股泉水旱不涸、涝不溢，甘甜清凉，被称为天龙第五景"龙潭灵泽"。天龙第六景为"石洞栈道"，在东、西两峰的悬崖峭壁，旧时有栈道，沿栈道可进入石窟，如今已看不到。

据天龙山所存碑文记载，天龙山上应该有高欢的避暑宫，如今从山上走下去，第一眼看到的便是新建的"高欢避暑处"。不知是否是东魏时的原址，但也可畅想天龙第七景"高欢暑宫"。天龙第八景为"柳跖旗石"，在对面香炉峰上有一巨石耸立，与柳盗跖有关。

隆重推出的是天龙第四景"虬柏蟠空"。从山上走下来，一眼就可以看见这处奇观。蟠龙古松平铺着生长在寺庙前，虬枝茂密，形似如云华盖，占地很大。天龙山奇松很多，蟠龙松东边便有形似北斗七星的七棵油松，但最奇特的还是这蟠龙松，相信你来了见了便不会忘记。

最后才说这古松，皆因古松之后便是天龙寺，也即各处碑文记载的、罪恶的净亮住过的寿圣寺。

北齐皇建元年（560年），孝昭帝高演建造的这座寺庙，在北汉、宋、金、元、明、清都有扩建、修复或重建。20世纪80年代，将北大寺的崇福寺迁建于此，按明代风格复建后的天龙寺，坐北朝南，

天龙第四景——虬柏蟠空

依次有山门、大雄宝殿，两边还有东、西配殿以及禅堂院、钟楼、九莲洞、药师殿、藏经阁等建筑。

最让人过目不忘的是山门前的力士像。这两座晚唐泥塑，虽已剥落残缺，却带着唐代的力与美，仿佛还能看见力士在吸气，腹部凹下去的运力状态，让人惊异。我国著名雕刻家、书法家钱绍武称之为"中国第一力士像"。

寺庙在人们的俗世信仰中，塌了修，修了又塌，曾经的风光不可溯了，但人们对这座寺庙的珍惜之心没有变。也因此，它才和天龙八景一起长存山上，沐浴佛光。

那八景是明代太原人的所见所记，今人还能见到七松坪、关帝庙、千佛洞、观音塔等从属之景。

一步一景，塔、窟、庙、松、柏、槐，组合成瑰丽的天龙美景。你若来，一步步走，定能举步生风，你俗世的欲望将在这里得到净化，你的心将会在这里趋向洞明。

当然，你若来，需要经过天龙第"九"景，也就是很著名的网红桥。走在桥上，就是走在新生的高科技建筑中，一圈圈环绕，再走向古代的纯粹的人文之景。

天龙山虽是自然造化，但人类在千百年里留下了文明的踪迹，这漫山遍野的足迹又赋予了它什么呢？

太原历史地位的见证

太原西山，是大自然的馈赠。

沧海，桑田，从距今大约数十亿年前，吕梁山、五台山区域强烈的地质构造运动使太原隆起为古陆块起，一直到大约6500万年前，山体强烈抬升，才形成今天我们可见的吕梁山脉。

大自然鬼斧神工，用千万年的时间来造物，等我们降生于世间时，便可目睹自然之钟灵毓秀。站在太原盆地上，就能感知到一双看不见的手，这右手一指，便是吕梁山。吕梁山携万千风貌从芦芽山向西南一路逶迤而来。

这逶迤一路的山脉，中段有群峰壁立、绿意盎然的太原西山，太原西山中有风景秀美、人文气息浓郁的天龙山。

旧石器时代，人们早已在这一带的森林里生活。到新石器时代，人们离开深山老林，迁移到汾河两岸的二三级台地居住。历经光社文化、义井文化、东太堡文化，人们学会了用火，学会了制作陶器，并一步步向平地移动。跨过传说中的三皇五帝时期，越过台骀治水的宏大场景后，人类的史迹越来越清晰。而天龙山作为吕梁山的一小部分，也是天地造化的见证者。

尧舜禹，夏商周，诸多文明要素在中原地区汇聚，太原人身在其中。公元前541年，晋国击溃周围戎狄占据了太原地区，太原有了确切纪年。这时是晋平公十七年，晋楚争霸已有多年，晋国国内也陷入六卿争斗，文公所创宏图霸业已趋近尾声。公元前497年，也就是晋定公十五年，六卿之一的赵简子在自己的领地太原，建起了晋阳城。从此，太原有了自己的一城之名之史。而那个赵简子也长眠于附近的金胜村，等到2000多年后，考古人打开了他的墓。

三家分晋，战国群雄并起，秦汉争雄，三国两晋兵荒马乱，在这战火纷飞的长河中，太原参与了历史进程，但并未到自己的辉煌时刻。

直到北魏王朝在北方称雄。

结束了"满天星斗"的时代，任谁都能剑指天下时，地理位置凸显出来，今太原、古晋阳便被许多人看中并经营。这许多人中有一个叫高欢的。

高欢本是北魏人，后归属秀容川酋长尔朱荣麾下，以功升任晋州刺史，这便来到了太原。不久之后，高欢与尔朱荣决裂，去往河北。在河北，高欢羽翼渐丰后，同尔朱氏争权，并打败尔朱氏，把北魏大权独揽在手，尔朱氏老巢晋阳也归高欢所有。534年，高欢另立元善见为孝静帝，迁都邺城，史称东魏。打来打去，高欢太清楚晋阳的地位了，雄踞于此，北可联系游牧族群，南可直下中原，东可进华北平原，西可达汾渭平原，且表里山河的地势，完全可据险而守。于是高欢定居太原，定太原为别都，遥控邺城的一切事务。那时，晋阳被称为"霸府"。

身在霸府的高欢，不仅建了晋阳宫，且还在天龙山建了避暑宫，

同时，雕凿出两座石窟。

高欢笃信佛教，这与当时佛教的发展有关系，自汉代佛教传入，到两晋时期，因天下大乱人心思静而大盛。北魏时，在拓跋珪手里，佛教兴盛，虽经太武帝灭佛，但文成帝即位后，又以恢复，云冈石窟便是明证。高欢的祖父是北魏臣子，自受其影响。有人说，高欢在天龙山所开两窟是为父母做功德、祈福而开凿的。高欢的统治并未存续太久，便到了北齐。北齐才是他们高氏真正的王朝。

在太原，高欢之子高洋掌握了一种冶炼方法：灌钢法。这项"高科技"让高洋野心大增，遂建北齐，定都邺城。但高洋又在晋阳设置了并州尚书省、太原郡、晋阳县。这块龙兴之地，依然是北齐的别都，与邺城并驾齐驱，或者可以说，太原才是北齐实际的都城。若问太原人，太原最辉煌时是什么时代，他们一定会告诉你是北齐。

高洋崇佛，比起他父亲有增无减。他对高僧礼敬有加，不仅开石窟，用国库来供养佛，自己还受了菩萨戒，甚至在山西左权甘露寺坐禅行道。在太原，高洋还派工匠在蒙山、龙山凿大佛像。北齐佛教盛况空前。

天龙山第1、第10、第16窟与高洋之间的关系并不明晰，但肯定是北齐遗物，或许就是他下令建造的，一个朝代还是留下了印迹。

北齐王朝很短，只比东魏长了11年，存在了28年便被北周所灭。后北周大丞相杨坚建隋朝，取代了北周，晋阳成为隋地。581年，杨坚封自己的儿子杨广为晋王兼并州总管。

　　杨坚、杨广都笃信佛教，杨坚本身就出生在寺庙里，且由尼姑抚养。他们父子都在太原修过寺庙。

　　第8窟东壁有石室铭，这是天龙山唯一保存明确纪年的碑刻，记载了石窟年代、开窟缘由、佛教信仰、人文自然风貌、像主"仪同三司真定县开国公刘瑞"为晋王杨广祈福以及隋代净土信仰等信息。这碑刻是实物文献，史料价值巨大。

　　杨广重视太原，曾开通驰道从洛阳直达太原，可时常巡幸。少年的记忆留给他的印象太深了，直到他和他的王朝皆灰飞烟灭。他没想到，灭他国杀他身的人，还是从太原出来的，且是他的亲戚。

　　隋文帝杨坚的独孤皇后[①]是李渊的姨母，因此杨坚是十分器重李渊的，还让李渊袭封唐国公并担任太原留守。

　　李渊父子很快就从晋阳起兵，东征西讨，颠覆了杨坚的天下，定国号为唐。不论古唐国是否在太原，李氏江山都以此定名。

　　在唐朝，太原曾是北都或北京，有了历史上最大的城，城堞相连，汾水穿城而过。

　　唐朝的君主，也有包容天下的气度。707年，即景龙元年，武则天已死，朝廷动荡，一直到唐玄宗即位，才安定下来。在此之前，佛道之争一直持续。天龙山的三世佛题材在武则天明确了"佛在道之

---

　　①独孤皇后为独孤伽罗，是独孤信第七女。独孤信长女嫁宇文毓，成为北周皇后；四女嫁李昞，为元贞皇后，唐高祖李渊之母。独孤信这个侧帽风流的男人虽没来太原，却对太原影响至深。

上"后多了起来，这也是佛教与俗世牵连的一个明证。

太原在唐朝延续卓越地位，一直到赵光义水淹火烧之后，仿佛真的断了龙脉，再没有"龙"出太原。而天龙山佛像的开凿就停在唐朝。

山上还有许多摩崖石刻，有新有旧。在白龙洞左侧、漫山阁东面的山石上，有一组隶书题刻。走近了一看，原来落款是冯玉祥，如今字迹还能清晰辨认：

穷苦同胞之得救，其路途为革命，根基在知识，吾生唯此二事。

刻下这些字的时候，是民国十九年（1930 年）十一月。当时，冯玉祥隐居在天龙山。

《柳子峪志》有相关记载：1930 年，冯玉祥率兵南攻失败后，退到山西，冬天在天龙山住了一个多月。后来因为有飞机窥视天龙山，冯玉祥担心天龙山文物遭到破坏，便于年底离开了。我很好奇冯玉祥隐居的地方，问遍皆言不知。他所留题刻，确实是他的心声。

我在网上见过一段话，说冯玉祥在天龙山隐居期间，曾将盗卖文物的僧人扭送官署，并出资修了晋祠到天龙山的路。他发现周围煤窑主压迫窑工，还出面与煤窑主交涉，解除了窑工的卖身制，1000 多名窑工因此重见天日。出于唤醒民众反帝反封建的觉悟，于是他在此处作了题刻。对于网上的这则记载，我并没找到相关书面文字，辑录在这里，算是对他留题刻的一个证明。

虽然太原不是龙兴之地了，但它依然是太原人的龙城。北魏的平城在太原之北，北齐的邺城在太原之东，北周和隋唐的长安在太原之西，从元朝定都北京之后，到明清两朝，京城一直没再挪动，这几百年里，太原一直是京都的藩屏，那曾经的繁华兴盛都存在了旧梦里。仔细想来，又浓缩在天龙山里，以佛像的形式记录下了曾经的高光时刻。

太原的巅峰时刻，就隐藏在这崇山环翠的大山里，不用人声嘶力竭地呼喊太原有多么重要，只要你越过尘世藩篱，登上天龙山就可以借助天龙山样式，重温从北朝到唐的历史。纵使尘满面鬓如霜，也可以在这里寻求另一种心的安放。

松涛阵阵，百年烟云。

天龙山是一座山。

天龙山又不只是一座山。

一重记录就是一重提醒

顺着人流在天龙山时停时走，呼吸着苍松翠柏送来的清新空气，很想把自己舒展成山脉的形状，完整地融入这山体之中。与大山相融，那是一种无上的境界，然这尘世还是牵绊太重，一睁一闭双睑微动间，仿佛已轮回三生三世。所幸有梵音袅袅，有檀香缕缕，亦可安放灵魂。

台阶旁有溪水流过，这水流的声音，是欢快的一往无前的"哗哗"声，偶尔有古筝名曲《云水禅心》传来，仿若给这水流伴奏。

水流在脚下，从下往上荡涤人的灵魂与肉体。

站在山下，再向上仰望时，山寺的堪舆学显露无遗：石窟所在的东、西峰以及进山处，三面环山，山下有柳子沟里汇聚的山泉水，一面对水，这好风水，是经过东魏权臣高欢考量过的。这一考量，便为之后千年里的众生留下了一组叠加了佛的踪影、人文景观迭代升级的水墨连环画，留下了无法计量价值的文化遗产。世人在千年里，踏破红尘枷锁从四面八方赶来，把世俗祈求、审美观念、抢劫掠夺等都统统带进了山里，天龙山及山上的佛像照单全收，没有丝毫怨言。

站在山里，起风了。风吹过树梢，吹过我的发梢，又在山洼里消失了，代之而起的是松涛之鸣，是翠柏的呜咽。又听见许多森林之鸟鸣叫于尘寰之上，恭敬亦虔诚。这多重鸣叫，是天龙山的所有故事在汇聚，汇聚齐整后又指向了一件世人瞩目的大事——佛首回归。

佛首归来，是证明，也是呼唤，是时候回望了，尤其是在人们的心浮躁得不知归处时。

希望更多的天龙山国宝御风归来，医治我们的心痛。

最后，盘点一下那些存放我们国宝的地方，一重记录就是一重提醒：

日本东京国立美术馆、日本根津美术馆、美国堪萨斯州纳尔逊—阿特金斯美术馆、美国马萨诸塞州伍斯特艺术博物馆、美国夏威夷檀香山艺术学院、美国纽约大都会艺术博物馆、美国旧金山亚洲艺术博物馆、意大利罗马国立东方美术博物馆和福贾艺术博物馆、英国伦敦不列颠博物馆、瑞士苏黎世里特伯格博物馆、德国柏林博物馆……

甚至还有许多隐藏在个人手中的我们的国宝。

分离得太久，你们怎样才能回家?

晋商票号

驰骋天下六百年

恰克图一带的边境贸易，事实上是而且根据条约都是物物交换，银子在其中不过是价值尺度……这种贸易采用一种年会的方式进行，由十二个商馆经营其事，其中六个是俄国人的，六个是中国人的。他们在恰克图会商，决定双方所供给的商品的交换比例——因为贸易完全是物物交换。中国方面交换的主要商品是茶叶，俄国方面是棉毛织品。

——无产阶级革命导师马克思《俄国的对华贸易》

　　著名诗人普希金曾说过："最甜蜜销魂的，莫过于捧在手心的一杯茶，化在嘴里的一块糖。"

　　和普希金一样，把茶捧在手心里，甜蜜销魂的几乎是所有的俄国人。他们经过上百年对茶叶的反复咀嚼和试探，逐渐爱上了这一片片开水一泡就舒展身子的树叶。住在克里姆林宫里的王公贵族，会用上好的器皿，精心制作出茶饮，品着尝着。生活在乡下小木屋的贫民，也会煮一壶茶水，仿佛茶香氤氲时，就有了暖意，有了生活下去的勇气。就连契诃夫、陀思妥耶夫斯基、普希金这些文豪，也把茶写入了他们的文学作品里。

　　他们的茶，来自中国。

　　他们的销魂，离不开中国商人，准确地说，离不开山西商人。

　　就在俄国人爱上茶叶的18世纪，无数的骆驼穿行在俄国到中国的商路上。那些骆驼，背负着盛装茶叶的竹筐，也背负着山西商人的希望和钱财，一路上不言不语，甚至可以不吃不喝，缓缓地、缓缓地，以每小时三四千米的速度，走过人迹罕至的草原和戈壁。

没人知道骆驼是否愿意开始这样的旅程，只有骗过的公驼才能走到商人的面前，身体的残缺伴随着旅程的寂寞。寂寞也是属于商人的，也许是这个原因，商人也会给予骆驼微笑、信任和温暖，或许这茫茫戈壁，温暖太难得了，一丝微笑，就可以化解冰雪和严寒，于是骆驼们心平气和地驮起大约250斤的货物，上路了。

太冷的时候，商人们都会靠着骆驼取暖，搂着骆驼，会分外地想家，可是远方有诱惑，家里还有贫穷和望眼欲穿的亲人，只能打起精神，又与骆驼一起，向北，一直向北。每走一里，思乡的情绪就增一分。日复一日，恰克图（俄语，有茶的地方）就到了。

近了，近了，俄国人早就用望远镜远远地看到了驮载着货物的骆驼，看到了骆驼，就意味着他们的茶香在鼻尖上萦绕了。这些白皮肤的人早早地就冲过来，清点着骆驼，也清点着货物。

恰克图霎时就热闹起来，那些同乡们跑出来，看到说着同样方言的老乡，一时就红了眼眶。是啊，一路风尘，万幸能够安然无恙。君从故乡来，应知故乡事，还要喝上两杯，才能去安歇。骆驼也终于能去安歇了，不知道哪天又要踏上南下的路。

交易随后就进行，茶、丝绸、瓷器、烟草被俄国人带走，山西商人也收下动物毛皮、丝绒、皮革品、铁器、银器，还有布匹。

那些中国茶，从恰克图出发，还要经水陆两路再运往伊尔库茨克、托木斯克，穿过乌拉尔山运往彼尔姆，经伏尔加河到下诺夫哥罗德。到了7月，下诺夫哥罗德就会开集，茶叶到达那些对植物叶子充满欲望的人手中，莫斯科克里姆林宫里的人收到了，平民也收到了。

而那条长长的寒冷的路，人们叫它万里茶道。

万里茶道

骆驼走过的路，只是万里茶道的一部分，长长的万里茶道，是山西商人走出来的，人们呼之为晋商。

每年早春，北方的天还料峭着，晋商们有的就要从自己温暖的家出发，早早地来到武夷山，有的一直驻扎在这里。今天，武夷山脚下的下梅村村口有一块石碑，上书"晋商万里茶路起点"，石头与汉字，印证着晋商们到达的茶道最南端。他们住下来，扎起竹筏，"盛时每日行筏300余艘"，把刚采下的茶带走。

雇了工人，采茶、制茶、加工成砖茶。晋商们在这方面不惜钱财，还因此带动了当地手工业的发展。砖茶一方方一摞摞登上商船，信江、鄱阳湖、九江、汉口、樊城，一路顺水欢歌、劈波斩浪，吟唱着自己的梆子腔，仿佛唱起乡音，从此便无所畏惧。冷冷热热的，只有乡音是最好的陪伴。

樊城上岸，便打发了商船远去，茶叶被搬到牛马所拉的车上，长鞭一甩，继续向北，经河南唐河、社旗、洛阳，到晋城、长治、太原、大同，一路走，一路叹息，沿途看到了黄河，也看到了太行山。从武夷山出来，看到河与山，就像看到了亲人，唱一曲民歌《天下黄河九十九道湾》，唱一段山西梆子《打金枝》中的"孤坐江山非容易，回想起安禄山起反意"，眼泪扑簌簌掉下来。到家了，王莽岭、上党门、晋祠、应县木塔、云冈石窟就在眼前，可不能回去，茶道苍茫，还远着呢！

他们有时会过家门而不入，一路到张家口去。

茶叶在张家口集合了，人休息好，牲畜也吃好，继续长长的旅程。

牛车摇摇晃晃的，牛铃声唤醒了残阳，太阳落山，人们又得休息。牛去吃草，牧羊犬欢快地奔跑在草原上，犬吠声时不时地传到主人耳朵里，人们听得懂是欢快还是惊恐。

夏天过去了，冬天很快来临，牛车就不能用了，要换上驼队，长长的寂寞的路上回响着叮叮当当的驼铃声。

从张家口出发，要走好久，才能到恰克图。也或者从右玉杀虎口走到呼和浩特，再到恰克图。

"喝酒，喝酒"，欢乐的晋商为庆祝这一年的顺利到达，打开汾酒，舌尖卷着辛辣入喉入腹，外面戏台上的梆子开唱了，每个人的心里都感到沉甸甸的。人人都说晋商实力雄厚，又有谁知其中的苦楚啊！

从武夷山出发一直到恰克图，到莫斯科、圣彼得堡，再到欧洲，长达13000千米的艰辛长路上，洒下晋商多少汗水、泪水，乃至有些人失去宝贵的生命。

榆次常家庄园一角

万里茶道上的晋商很多，榆次常家是最有代表的。

常氏先祖常仲林，原来只是一个放羊汉，从太谷迁到榆次车辋村后，给当地的刘姓大户放羊，后来就娶了雇主的侍女，安定下来。

安定下来后，被晋中一带经商的气氛所感染，后人开始结伴出门经商。

谁能想得到呢？明末崇祯皇帝的死为常家创造了一次商机。

那个众所周知的甲申年（1644年），燕京（今北京市）被清军占领，崇祯帝、大顺帝，曾经紫禁城宝座上的帝王，都成了过往云烟。顺治入驻紫禁城后，想笼络汉人，就下令给明末崇祯皇帝补葬戴孝。全民戴孝，那是什么光景？白布遂成紧俏商品，恰恰这时，常家人将白布从徐州运到了天津，白布便被全部征用了。常家人惊讶地看着布变成了银两，内心的欲望开始膨胀，经商的路便奠定了。

康熙年间，常家第八代常威，身背褡裢，靠着给人算卦解决食宿，一路走到张家口。常威开始只是沿街叫卖，薄利多销，有了积蓄后，常家第一家商号"常布铺"在张家口开起来了，售卖"榆次大布"。

来来往往的20多年后，常威的家人们都看到了商机。1755年，常威的三个儿子随着常威来到张家口，老二万旺，置地种田，老大万玘、老三万达接过父亲的经商棒，开始为家族奋斗。

常万达徒步考察走到恰克图，走遍恰克图的边边角角。晋商们的辛苦，恰克图的前景，俄国人对茶叶的需求，都让常万达心动。

了解市场情况后，常威决定不卖布，改营茶叶，"大德玉"茶庄就在张家口成立了，接着又有"大升玉""大泉玉""独慎玉"茶庄先后建立，并在恰克图设立分庄。

常万达把茶叶远销到了莫斯科，俄国人的销魂助长着常万达的野心，多伦、呼和浩特、沈阳、营口、北京都有了常家茶庄。

常威老了，思乡的情绪萦绕着他，好在他的儿子也成长起来了，他笑着回到了车辋村。

而常家人的"野心"继续膨胀，他们要把整个产业链都掌握到自己手中，这样才不会被人掣肘，于是他们把目光投向了产茶地武夷山。那目光一经到达，就没有离开，制茶、包装、加工、运输、批发、零售都到了常家人手里。

> 提起个拉骆驼，三星照路坡。
>
> 蓝天当被盖，沙地做被窝。
>
> 吃的是莜面沾盐水啊，提起个拉骆驼。
>
> 提起个拉骆驼，几辈受饥饿。
>
> 冬天冻个死，夏天热得慌。
>
> 受不完的罪过吃不完的苦啊，提起个拉骆驼。

除了常家人，还有很多很多的人唱着这样的民谣，走向了这条艰辛之路。

经过晋商百年努力，到19世纪40年代，茶叶居恰克图对俄贸易商品之首，俄国成为中国第二大贸易伙伴。

茶叶是晋商的眼中宝，心头好。

万里茶道的笑声或哭声，都已消散于风中。沧海桑田，茶道寂寞，唯驼铃声仿佛还回荡在尘寰中。

而那些晋商是有背景的。

明清晋商兴起

明清晋商固然耀眼，但是这么一个群体却不是突然出现的，而是伴随着山西久远而灿烂的文明，一步步发展起来的。

六七千年前，中国社会在以各个聚落自以为营的时代，就有了交融和流通。西阴文化中的尖底瓶，曾经覆盖大半个中国。陶寺遗址出土了诸多外来文化的代表性器物，比如说有良渚文化的玉琮，大汶口文化的陶鬶等，说明4300多年前的人们就在流动，物品也随着人群在流动，除了一部分是向中原王朝的敬献，肯定还有一部分是用来交换的，毕竟陶寺的器物也流向了别的遗址。

社会发展，总有一部分人分离出来，专门从事制作陶器类的手工业，农业与手工业的分离，出现了物物交换，慢慢也就出现了货币，出现了商业。

据说，最早有商业行为的是舜，舜从传虚（今山西省运城市一带）赊出物品，贩运到顿丘（今河南省浚县），乘时逐利于负夏（今山西省垣曲县）。也就是说，舜在两地之间贩运货物并赚取差价。

那么，往前追溯"商"的源头在什么时候呢？

据说，炎帝时期就有了"日中为市"这个说法。

炎黄融合，再到尧舜，然后是夏商周，人们一直在交流融合。

"商"，我想很多人看到这个字，都会想到商朝，也真的和商朝有关。

商朝初立，"不惊耕市"的国策，让商业兴盛起来。加上手工业从农业中分离，商品增多，后来的交通发达，车辆由官用转为民用，货币也诞生了，商朝的商品经济相当发达。

周朝时，山西有了"日中为市，致天下之民，聚天下之货，交易而退，各得其所"的交易活动。那些商朝遗民，自己的王朝不在了，地位低下，无田无钱，生活艰难，本就会做买卖的商人，自然就重操旧业。商业也被认为是贱业，贵族们是不从事商业的。这倒也可理解，那些贵族忙着享受社会财富就可以了，像手工业和商业这些事，自然不用他们做。

慢慢地，社会发展，人口增多，做买卖的人越来越多，那就不仅仅是商朝遗民了。

司马迁说"猗顿用盬盐起"。春秋时期，猗顿来到古郇国，也就是现在的山西省临猗县，畜养起羊、牛、马、猪等牲畜，仅仅数年时间，猗顿就成了大富翁，然后又经营盐业，成了一代巨商。

猗顿是受范蠡影响的，在鲁国见到范蠡时猗顿还是一个穷汉。范蠡对猗顿说："子欲速富，当畜五牸。"猗顿听了，便在山西实行了。

而范蠡又是受计然影响的。计然大约活动于楚平王时期，博闻强识，满腹经纶，才冠天下，却不为天下人所知，这人南游到越国，碰上范蠡，就把范蠡引荐给勾践。范蠡曾向勾践进献过计然之策，即"积著之理"，这条计策其实说穿了，就是贱买贵卖，存货多少决定价格，并且要厘清生产与需求的平衡关系。现在我们听起来比较简单，但在当时，还是很出奇很关键的。勾践用计然的方法治国，后来越国灭了吴国，称霸于诸侯。当然也是听了计然的话，范蠡才功成身退，不然也和文种一个下场"狡兔死，走狗烹"，可见计然才智非凡。当然范蠡在计然那里受惠最大，拜了计然为师。范蠡从越国出走到鲁国，用计然之策成了世所闻名的"陶朱公"，家产以亿万计。

而计然是晋国没落贵族公子，"因避祸逃居葵丘濮上"（出自《太平御览》）。就在晋国，晋文公曾推行"工商食官""轻关易道，通商宽农"等商业政策，晋国一时经济空前繁荣，财政收入大幅度增长，为晋文公称霸奠定基础。晋悼公续霸，实施新政，要求君和民但凡有多余的钱财必须投入市场流通，促成晋国经济再度繁荣。

战国时期，魏国出现了李悝、白圭、段干木等人，尤其是李悝变法使魏国实力大增，成为战国初期强国之一。

秦朝末年，班壹为躲避战乱，躲在楼烦（秦朝的一个郡）贩卖马、牛、羊，那里的千里草场，让班壹成了富翁，班家从此在汉代成了望族，我们熟知的班婕妤、班昭、班固都是班壹的后代。

三国、两晋、南北朝时期，生产力大幅发展，商业也更加繁荣，巨贾层出不穷。

就像总统们参选要有财团支持一样，政权更迭也需要财力，武则天的父亲武士彟就是经销木材的，因资助了李渊、李世民于太原起兵，建起大唐，武士彟被封为"太原元从功臣"。唐朝的山西，也是各路商人的发迹地。

宋朝重文不抑商，山西商业大发展，多种物质可行销全国各地。

到了元朝，有个爱溜达的意大利人马可·波罗，见过当时商业发达之情景。

有的书中说，在明清之前，未见山西商人记载，大约山西人不擅长此道，实际上并不是这样，三晋大地，物产丰富，人也聪明能干，经商一事，从舜帝开始，源远流长，浸入血脉基因，一代代传承下来，无关乎和平还是战争，无关乎朝廷还是江湖，只要有了丁点儿环境，便能"野火烧不尽，春风吹又生"。

元朝灭亡了，但蒙古人并未断绝，朱元璋和朱棣也只是把他们撵到了草原深处，并未能斩尽杀绝，这也就构成了明朝初期的边患，于是明初构建国防，九边重镇形成。

如今从地图上也可看出，东起鸭绿江，西抵嘉峪关，豁豁牙牙的一条线把中国分成两部分，这也同时是农耕文明与游牧文明的相对分界线。这么一条"国境线"，是需要驻军的。当时，九边重镇驻守官兵数十万人，军马数十万匹。人和马，是需要粮饷供应需要后勤补给的呀！

怎么办？

彼时的明朝，王朝初立，百废待兴，洪武三年（1370年），朱元璋接受山西行省参政杨宪提出的建议，采用"开中法"解决问题。

北宋时宋祥提出的"折中制"，被杨宪翻版一下，就成了明清晋商兴起的开端。

"开中法"是在大同开始实行的，当时的大同粮食供应需要从山东陵县（今山东省德州市陵城区）运到山西马邑（今山西省朔州境内），时间长耗资大，改用商人运转粮食后，只要在大同仓库缴纳一石米，就可以领上"仓钞"作为凭证，到盐场领一引盐，盐价抵米价，运费代盐税，商人卖了盐就可拿到利润。其实，商人赚取的就是个跑腿费。

怪不得朱元璋会首肯呢，这个办法真的好极了，边境有了粮饷，官府不用破费，还没有劳民伤财。这个办法在大同实行后，效果还不错，九边重镇就推广开来。

这条政策对山西最有利，山西有盐，众所周知，山西也有粮，晋北有杂粮，晋南有小麦，明朝时山西的战乱不像其他省那么严重，不然也不会从山西往外移民了。九边重镇中大同、太原本来就在山西，宣府（今河北省张家口市宣化区）、延绥（今陕西省榆林市境内）也离山西很近，于是，山西商人敏锐地抓到了先机，运粮贩盐，三晋大地上到处是商人的足迹，马铃声声，都是算盘珠子催生出来的动静。

实行了一段时间，"开中法"的弊端显现出来，纳粮数量增加了，商人拿到盐引又领不出盐，权贵们也开始行商了，晋商不堪重负。明弘治五年（1492年），户部尚书叶淇改用"折色制"，也就是将纳本色（粮食），改为纳折色"银两"，这样，政府提高盐价增加了财政收入，商人也不必行走千万里到边关换盐引，在内地就可以到盐运司交银子拿盐引。这是晋商的第二次机遇。

晋商有了盐引，走向南方，走向全国，逐渐成为巨商大贾。他们走出去时，也许身无分文，背井离乡在边关与盐池之间奔忙。生命得以延续后，又带领着乡邻外出，慢慢就形成了一个大大的群体，"凡是有麻雀的地方就有山西商人"。晋商在明朝，形成了各个商帮，他们说着同样的语言、听着同样的戏曲，把粮食、铁器、盐、丝绸、棉布、茶叶等尽收囊中。

到明代后期，经过王崇古、张四维的努力，茶马互市形成，晋商在对外贸易中，得益丰厚。

到了清代，茶马互市让晋商不自觉地充当了清军入关前的武器原材料和物资供应商。清朝建立后，坐在皇帝宝座上的那些统治者，没忘了以贸易形式帮助过自己的晋商，顺治帝刚入主紫禁城，便在皇宫设宴，珍馐美馔陶醉了范永斗、王登库、靳良玉、王大宇、梁嘉宾、田生兰、翟堂、黄云发八个商人，推杯换盏间，他们成为清内务府的八大皇商。

最开始，皇商垄断了对俄贸易，一直到康熙年间，才结束了这种局面，有了更多的晋商涌进来。

机会一来，晋商就停不下拓展的脚步。雍正五年（1727年），晋商开拓出万里茶道；乾隆年间，晋商开中国粮食期货贸易之先河；道光三年（1823年），晋商首创票号，实现商业资本向金融资本的转变，进入鼎盛阶段。"先有曹家号，后有朝阳县""先有复盛公，后有包头城""先有晋益老，后有西宁城""先有祥泰隆，后有定远营"，晋商创造了辉煌的商业文明，左右了各地的发展。

晋商不仅店铺铺满中国，而且远涉东亚、西亚、俄罗斯等地，成了国际商人。他们财力雄厚，活动地域广大，经营品种丰富，管理制度严格，在国内商界首屈一指。他们纵横驰骋六百年，跨越欧亚数万里，是个不容忽略的大群体。

当然总结晋商成功经验，有多个因素，除上面谈到的"开中法"和"与边防临近"的时势因素，还有一个重要因素：明清时期，商道形成后，东西通道上，乌里雅苏台（蒙古国西部城市）、齐齐哈尔、北京、张家口、归化（今内蒙古自治区呼和浩特市）到乌鲁木齐，可能经过山西，南北通道上，莫斯科、恰克图、张家口、武汉、广州，也可能要经过山西，这简直就是晋商的天然地利优势，不成功都对不起这天赐锦绣的表里山河。

六百年间，晋商步履匆忙，船帮、驼帮、盐商、典商、粮商、布商，各自奔忙，几乎无所不营。明清时期，是整个世界的转型时期，晋商抓住这样的机遇，与朝廷、与民众、与商人、与外国经营者斗智斗勇，形成一个庞大的"白银帝国"，驰骋天下，无可匹敌。

尤其是票号形成以后。

票号形成，版图扩大

家有万两银，不如票庄上有个人。

生子有才可做商，不美七品空堂皇。

这样的民谣在晋中很流行，轻俏的小调中，可感受到晋中浓浓的商业之风。

尽管晋商们起家时，蒲州商人居多，后来又有"平阳、泽、潞豪商大贾甲天下，非数十万不称富"（出自明代沈思孝《晋录》）的说法，但到了清朝崛起的却是晋中商人。

进入清代，晋商已经以"足迹遍天下，资本雄厚，社会信誉高"而著称，典当商们也积累了汇兑业务经验，于是，水到渠成，票号诞生。

票号之始，当然是平遥"日昇昌"。

　　平遥西达蒲村李家祖籍陇西，元朝时有一个叫李实的人来到山西做官，李家这才在西达蒲村定居下来。经过多年积德行善，精心经营，到了李大全时，李家成为一个由官而商遂富的望族。"日昇昌"票号前身为"西裕成"颜料庄，设在平遥城内西大街，分号设在北京、天津、沈阳、聊城、汉口、成都等地，北京分号设在崇文门外草厂十条南口，以买卖铜绿颜料为业。

　　嘉庆十五年（1810年），西裕成北京分号来了经理雷履泰，他的祖籍是陕西渭南，祖上迁居平遥城内南门头，雷履泰的前半生在平遥细窑村雷家堡度过。北京分号经常为在京的山西同乡办理北京与平遥、四川或天津间的银两兑拨，比如在北京交了款，有分号的信，就可以在平遥总号取款。本来这只是亲友间的帮忙，并不收费。后来来办兑拨的人越来越多，就开始收一点手续费。

　　雷履泰久住北京，为人直诚，擅长交际，经常出入王公大臣府第，把商号经营得很好，数年间营业盈余就达数十万两。钱数太大了，雷履泰就以余银设分号，替人汇兑。试办了两年，获利颇厚。于是他与东家商议，创立日昇昌票号。总号虽设在平遥，因事之起源在北京，且北京存款多责任大，分号招牌上就统加"京都"二字，以志起源。

　　——范椿年《山西票号之组织及沿革》，有改动

　　雷履泰办票号，是顺应了时势，古语有云："顺势而为，凡顺势者皆有大作为。"在古代，商品流通诞生货币，从最初的海贝，到布币，到铜钱，人们最相信的还是金银，清朝结算还是用银子，可交通不发达的时代，运输银两是多么困难的事，由此诞生了镖局。情景剧《又见平遥》把镖局的生死往来，演得很具体。清王朝在乾隆后期，因时有动乱发生，社会极不稳定，那时用镖局运银常常被盗被抢，试想，有这么一张票子，持票就可以在全国存银、取银，这是多么方便的事，票号怎能不顺势流行呢？票号的创立解决了商人的后顾之忧，必然会兴盛。

　　据说，票号大院落成的那一天晚上，李大全和雷履泰都做了同样的梦，梦见两轮红日落在了新建成的楼堂顶上，雷履泰认为这是大吉兆，商议后就将票号取名为"日昇昌"，三个字，竟然有 4 个"日"，是梦境，也是美好祈愿，雷履泰的梦真的实现了，日后的票号，真的蒸蒸日上。

　　日昇昌第一年的盈利就是 95632 两白银，随后每年的收益也有 10 余万两白银，日昇昌票号开到全国 35 个城市和码头，票号加上一大批商业联号，仅光绪十八年（1892 年）一年，李家就从中收益 100 万两白银，成为平遥首富和晋中八大财东之一。

　　日昇昌票号是开端，从此票号一发不可收，开创了中国金融业的新纪元。

　　如今我们到平遥古城去，还能在日昇昌里看到雷履泰的塑像，平遥人以这样的方式向天下介绍票号。

后来雷履泰与副经理毛鸿翙发生了矛盾，毛鸿翙出走，创建了蔚泰厚、蔚丰厚、蔚盛长、新泰厚、天成亨"蔚字五联号"，一时平遥无出其右。

天下熙熙，皆为利来。票号获利，激发商人的激情和投资活力，先是平遥，然后是祁县、太谷，形成三县三大帮的格局。当时汇兑业务有京饷、协饷、赈灾款等，贷款对象主要是商号、钱庄、企业、税关等。存款主要有税款、军饷，还涉及贵族、百姓、商家等。以三县为中心，再加上其他县的票号，晋中票号事业突飞猛进，全国几十个城市都设立了分号，财富像雪花般纷纷落向山西。

可以这么说，票号因为有前期的信誉和资本做基础，获得了官方和民间的双重信任。到光绪年间，国内外合计600多家票号，它们是清王朝的"银行"，西方人把票号称作现代银行的"乡下祖父"。

钱，活了；物品，活了；各项国计民生事业都因此活了。社会资本在全国快速运行、流通，社会财富得以汇聚，得以积累。可见，创建并推动金融事业发展的晋商有多么的了不起！

晋商的业绩和社会影响

明清延续将近六百年，晋商对中国的社会经济产生了巨大影响。那时，临汾元家、灵石王家、榆次常家、祁县乔家和何家、平遥李家和侯家、太谷曹家、介休冀家、汾阳牛家、太原张家、襄汾刘家、万荣李家等这些三晋大地上的商户们，在长期的经营中，成了坐拥数千万两白银资产，且有大量商号、店铺、票号的大型财团。他们把商业资本和金融资本集于一身，实现了银企联动、多元经营的商业规模。据说旅蒙商"大盛魁"集齐22省货物，拥有上千个分号、上万名员工，它的资产可以用50两的白银锭从北京铺到乌兰巴托，极盛时，积累了2000多万两白银。这巨大的财富绝对是跺跺脚，大地能抖三抖的。"大盛魁"前后绵延近300年，足迹遍及中国各省以及俄罗斯、中亚，是中国对外贸易的龙头老大，雄踞塞外，傲视天下。

密押、暗码、股俸制、学徒制、标期制、合伙制、顶身股、故身股、龙门账、预提护本、公座厚利、同业拆借等，晋商创造了一系列行之有效的管理方式。这是集晋商众人智慧生成的，又在晋商之间传播，边实践边完善，可谓当时最先进的管理体制和财务制度。后来成了银行和企业学习的模板，就连日本松下、东芝等企业都曾扑下身子学习晋商的管理经验。我曾在一个企业做过会计师，熟悉那些术语和处理方式，但深入了解晋商才发现，我那十几年工作中接触的许多东西，早在明清时期就已形成，当今不过是对原先的模式进行了现代改造而已。越对比越惊奇，惊奇之余对晋商的佩服也与日俱增。

晋商拓展了多条东西南北贯通的大商道。北到恰克图，南到海外，西到西亚，东到琉球群岛等地的广大陆地和海上，活动着数不清的晋商。驼铃、商船、马夫、茶叶、丝绸、粮油、镖局、票据，都随晋商奔忙、流动着。官人、农夫、差役，交易着、算计着，他们把他们的理念带向世界各地，又把巨大的财富搬回家。走西口、闯关东、下南洋，几乎所有的人群流动方式，晋商都有参与。他们唱着小曲儿，背井离乡，他们创造了一种再不可复制的景象，人流、物流、资金流、信息流如奔泻的江河，六百年间无一刻停息。

晋商或许自己也不知道，他们还加速了城镇化的进程。他们把物资带到哪里，哪里就会有金融、商贸出现，就连那些曾经的军事卫所都能被他们生生改造成商业区。那些迄今遍布全国的会馆、商号、渡口、码头，更是因他们而闻名，虽然许多城镇已在湮灭或没落，但追寻而去的目光还是能窥见曾经的荣光。

晋商并不像有些腰缠万贯的土财主们一毛不拔，他们是愿意做公益的。如今在天下走走，经常会看到一些碑文，碑文多能见到晋商名姓，这些名姓与桥梁、学校、寺庙、城镇、道路关联在一起，人们也愿意把这些名姓镌刻在石碑上，撰写进地方志里，以期永远纪念。这是一份长长的名单，一直在完善中，直到今天都没法把它完整地罗列出来。

重点说说恰克图吧，就在晋商博物馆的商图上，恰克图高居于最上方。

康熙年间，中国商人就与俄罗斯有了往来交易。当时，只要持有护照，就可以轻松越境经商。这些商人中主要就是晋商。雍正六年（1728年），中俄签订《恰克图条约》，规定在两国交界处各自一侧开辟市场。晋商由此又一次获得历史机遇。由于政府的免税优惠政策，贸易量居高不下，中国的丝绸、中草药、烟草、瓷器、工艺品，随着晋商的脚步走向俄罗斯各大城市。

恰克图的盛景，路履仁曾在书中写道：

> 恰克图俗名"买卖城"……东西向有一条街，约有半里长，名"横街"。较大的商号有"福源德""天和兴"两家。南北间有三条街，皆不到一里长。中间有一街名"中巷子"，较大的商号有"大升玉""恒隆光""锦泰亨""久成兴"四家。东街名"东巷子"，较大的商号有"独慎玉""永玉亨""天庆隆""祥发永"四家。西街名"西巷子"，较大的商号有"公和盛""璧光发""天和兴""永光发""大泉玉"五家。恰克图没有北京"外馆"所经营的商业，都是晋帮商号。

晋商在恰克图的经营规模以及创下的财富天下闻名。彼时的晋中商帮是茶道上最大的受益者，到清末，恰克图商会会长就是太谷人武敦义。

晋商也有风雅情味，他们进入恰克图，就把自己融入那片土地，中国的焰火、灯彩、杂技、白酒、戏曲都成了中俄所有人的日常欢乐。在中国，流动是个母题，经商只是母题上的一个概念，却生出许多衍生品。

恰克图经过了上百年的发展，无数山西人把那里当作第二故乡，思念有之，长眠有之。恰克图对于山西人来说，那里是一定意义上的终点，也是一定意义上的起点，我们的物质财富由此遍布世界。

而晋商是有所回报的搬运工。

晋商文化的物质遗存

有谁不知乔家大院呢？

20世纪90年代，改编自苏童《妻妾成群》的电影作品《大红灯笼高高挂》在乔家大院取景，把乔家大院推向全国。电视剧《乔家大院》更是指名道姓让乔家火了一把。乔家大院自此成了旅游旺地。

乔家大院引发连锁反应，灵石王家、太谷曹家、万荣李家、榆次常家、长治申家等大院接二连三地出现在世人面前。就好像哪个地市如果没有个晋商大院，都不好意思高声说话。

商人们在外，用智慧和生命换回了钱财，却不豪赌斗富，花天酒地，而是按山西的老习俗修房盖屋，把银子兑换成砖瓦、木料，让无数的匠人们在此贡献手艺，把砖雕、木雕、石雕做到了极致。那些坐北朝南、环环相套的院子里，有欢乐祥和、延年益寿、加官晋爵的俗世意愿，也有抵御兵匪侵袭的坚固堡垒。他们把风情民俗带入深深庭院，有了钱，还要把传统文化根植其中，乔家大院便用"致庸""在中堂"体现处世之道，王家大院则用竹显示"未出土时已有节，及凌云处尚虚心"的气节，传统文化是他们留给子孙后代的财富。至于后人做到做不到，那是另一回事，愿望是美好的。

除了山西，省外也布满晋商遗存。

首推会馆。汉口、洛阳、开封、苏州、上海、赊店等地都有山陕会馆，北京有潞安会馆、临汾会馆等，仅北京一地，就有45所会馆，占会馆总数的11%。

他们走到哪里，就把会馆建到哪里，遍布全国的会馆，是晋商

乔家大院，大红灯笼高高挂

们交易、社交、娱乐的活动场所。这些会馆大多气势恢宏，布局考究，用料讲究，装饰华丽，如河南社旗的山陕会馆，竟然需要"运巨材于楚北，访名匠于天下"。如果把会馆点缀于平面图上，亦可以看到他们是在展示自己的经济实力，他们最愿意看到的就是自己商帮的人从武夷山出发走向万里茶道时，能来会馆歇歇脚，满足了自己需求的同时，也取得了商家和官民的信任，这样更加有利于他们去扩大自己的商业版图。

会馆的一部分功能是演戏。明清盛行起山陕梆子，晋商们爱乡音，便把这梆子腔和老艺人带向全国，在他们的会馆里唱念做打，丰富他们的精神生活。梆子腔是个充满野心的征服者，走到哪里，便与哪里的"土味情话"相结合，生成新的品种。于是，河北梆子、豫剧、山东梆子等便如雨后春笋般出现，甚至影响了汉剧、京剧、粤剧等剧种，到清末已形成一个梆子大家庭，梆子之花开满梨园。我们现在的戏曲存留，不过是延续"旧时王谢堂前燕"，拾拾故人牙慧罢了。

除了这些会馆，万里茶道上还有一系列的建筑遗存。湖北羊楼洞也有晋商遗存，现在的羊楼洞，属湖北省赤壁市，位于湖北省南部与湖南省北部交界的丘陵地带上，也是茶道的源头。

这些辉煌，尽管多数已湮没在历史长河中，终归还遗存了星星点点的文化记忆。

我曾在阿拉善体会过晋商的辉煌，"先有祥泰隆，后有定远营"，

河南社旗山陕会馆

晋商建起的祥泰隆商号，致使那里在贺兰山脚下建起了一座城，后来的阿拉善王爷们都住在定远营内，城内的百年活动剪影，都与山西人密切相关。

晋商涉及范围太广，百货、酿造、粮油、皮货、布业等，这些由经营物资所诞生的商号，多到数不清，包头的大盛魁、张家口的长裕川、宁夏的敬义泰、西宁的合盛裕等，或多或少都留下过建筑或其他遗存，最不济也能听到关于晋商的传说。

还有许多老字号，有形的东西不在了，无形的东西却长存着。比如，北京的都一处、六必居、东仁堂，山西省有经营中药的大宁堂、酿造好醋的益源庆、经营头脑的清和元等。老字号、老招牌，还存留着晋商的经营理念。

除此之外，还有字画、票据、契约、家具、饰品、生活用品等，有的是经营必需品，有的是晋商的收藏品，可谓是琳琅满目，晋商博物馆就有多座西洋自鸣钟，金光闪闪。看一看各地的晋商遗存，也许我们会瞠目结舌。这些财富又该以何种方式来计量呢？

这所有遗存，都是带有历史信息的，解读之难，在于其之广之大之深，那是一部厚厚的大书，穷我们的笔力也难以尽述。

明清晋商远去了，这些遗存却活着，不管后世沧海桑田或沸反盈天。

晋商的衰落

1914年10月，一个让人心惊的消息从北京传回山西——北京日昇昌票号倒闭了，随即各地分号一个一个相继关门。虽说此前也有其他票号倒下，但日昇昌的倒闭，还是让所有山西票号不寒而栗。20多年后，大德通、大德恒等票号也倒闭了。

无可奈何花落去，一个辉煌的事业悲剧谢幕。

商势与国运牵连着密不可分。

当鸦片战争把中国的羸弱呈现在世界面前时，驰骋一时的晋商也无奈地迎来自己的命运。

国家主权都没有保障了，更谈不上地方政权，晋商的商路和货物纷纷被别的商人替代，俄商占据了茶道的经营，外国银行替代了中国票号，战争和动乱使晋商实体蒙受重大损失，这是直接原因。另外，技术落后阻碍了中国商品输出，交通运输落后影响了商业运营，国难导致了税收增加……桩桩件件，重大的负担间接消耗了晋商的财力，他们连守成都困难，只能眼看着商业版图一步步萎缩，终致慢慢在时光中悄然陨落。

是的，必须承认晋商也有自己的瓶颈。

晋商有了资本，会修豪宅，买官爵，无形中消耗了实力。他们中的多数又是建立在与政府合作的基础上，这就导致自主性不强，一旦政府倒台，他们便无处可去。况且他们在上百年的驰骋中，因为无对手，也就养成保守自大的秉性，看不到世界大势，也无法革故鼎新。大浪来了，也就只能在历史浪花中消失不见了。

但是，看不清世界大势的，何止是他们呢？最早接触西洋科技的千古一帝康熙不也两眼昏花吗？一个事物，从内部革新是艰难的，必得有外部力量的刺激，中国皇权社会绵延两千余年，形成的思维定式要破除特别难，曾国藩、张之洞等人，也只能是举科技之旗，圆皇权之制。只是中国这个代价付出得大了点，百年战火百年艰难图存，才有了后来的当家作主。举国如此，何况小小的晋商呢？尽管他们把生意做到了全世界，却弄不明白工业社会的无情。

也别苛责他们曾经与清王朝做了交易，即使没有晋商，明朝也气数已尽，亡国只是时间问题。在他们的理念里，只是做生意而已。

晋商之兴之衰，都是时也运也，放在时间长河里，都是庄生梦蝶。

探讨晋商的生灭起落，是想留存些经验和文化意义于当今的晋商，守仁义，讲诚信，能吃苦，勇创新，利众生，都是要坚守的，这才是写作此篇文化记忆的意义。

平遥古城

一座城就是一个天下

平遥古城是中国汉民族城市在明清时期的杰出范例，平遥古城保存了其所有特征，而且在中国历史的发展中为人们展示了一幅非同寻常的文化、社会、经济及宗教发展的完整画卷。

——联合国教科文组织世界遗产委员会将平遥古城列入《世界遗产名录》时的评语

从太原到西安，当高铁代替马车、汽车，跨越过漫长而广阔的时空之后，凝眸窗外，你会看到一个名为"平遥古城"的小站。

不妨在这里下车吧。

平遥古城就这样，以"古"之风韵，从容地占据了人们的视线，又以"城"的坚固，代替了史书的诉说。它雄踞在汾河之畔，带着西周以来浩荡的历史尘烟，与所有的现代化城市改造之后高楼大厦的冰冷"遥""遥"相对，它们是一组鲜明的对照，也或者，古城是新城的镜子，映照出迈向工业化社会的千篇一律。老旧的物事总是带有时光的沉淀，古城的色调是"平"和的，是温暖的，是繁华的，无论谁来，都只能和它融为一体，而不是突出或超越。

现存的平遥城，筑起于北魏太平真君年间，隋唐、五代、宋元明清，往事越千年。千年里城楼雉堞依旧，故事却风云变幻。若能周游世界，便从平遥出发，向任何一个地方走去，你都会遇到平遥人，现实里是，故事里是，史书中是，平遥人在千年行旅中，超越了时间的距离，跨越了空间的障碍，用足迹和智慧织出了一张网，这网密密匝匝的，却又低调而扎实，他们微笑着在这网上织了四个字"天下平遥"。

时间篇　平遥人

几百年前，大约17世纪后半叶，平遥人挑着货担，背着行李，离开了家。

走在路上，他们一次又一次地回望着平遥的家。那个家，是他们祖祖辈辈生活的地方，寄托着他们的灵魂，但是那个家太贫瘠啦，碰上荒年，便无以为继。望一望，便不再回头，他们得去找个营生，养活一家人，他们得积攒黄金白银，修筑自己的高墙大院。

梦想总是很美的，即使路途上千辛万苦。跨过一条条河流，翻过一座座高山，躲过一次次战争，他们始终朝向他们心中的理想，尽管这理想的别名叫财富。

贫穷是巨大财富的孕育者，他们背井离乡，最简单的缘由：生存。

他们不是首创者，在他们之前，已经有许多平遥人在14世纪后半叶，借助着明王朝实行的"开中法"，赚了个盆满钵满。三百年前的先人们，游走在战争边缘，游走在明朝与蒙古和女真这两个民族的博弈间，小心翼翼地、察言观色地，随着财富的增加，以物易物的本事和经验也在增长。

先人们游走的就是长城和等雨线的位置，从东向西，横穿山脉、河流、沙漠、草地，他们坚信总会有商机可寻。17世纪的平遥人继承了先人的经验，踏着先人们的步履继续游走，他们的目光不再盯着东北，而是向西而去，跨过一重重险隘，翻过贺兰山脉，来到了贺兰山的西边。

彼时的贺兰山西边地区，有沙漠，也有草原，贺兰山是天然屏障，它的西边地区并没有被战争破坏得太厉害。就在康熙十六年（1677年），固始汗之孙和罗理率领和硕特余部从新疆迁徙，途经青海大草滩，移牧到这里。1697年，这里正式设置了阿拉善和硕特旗，就是现在内蒙古阿拉善的前身。

此前的阿拉善，也是人类的发祥地，至今还有岩画昭示着历史的久远。秦始皇一统天下，三十六郡中这里是北地郡，东汉、魏晋南北朝时期，这里是西海郡，唐朝时为安北都护府，历经西夏王朝之后，元明两代在中原与少数民族的抗争中摇摆，直到清朝。

此前的平遥，秦朝时属太原郡，后来王朝交替，历经介州与汾州之辗转。

不相交也不相邻的两个地方，却因为平遥人的到来，有了斩不断的联系。

和硕特部族在阿拉善定居，是商机，他们的一应生活用度就是平遥人眼里的光，平遥人慧眼如炬，心中有数。

平遥人结伴在阿拉善政府驻地紫泥湖地区驻扎下来，修房盖屋，经商易物。地图上非常遥远的两个地方，就这样有了牵绊。和硕特民族结束了游牧生活，平遥人有了与先人不同的好去处。这一牵绊从1677年算起，恍惚间就是300多年。

他们在这里先开办了"祥泰公"商号，"祥泰公"结束后，1723年又开办"定远堂"和"祥泰隆"，"定远堂"倒闭后，"祥泰隆"继续经营。每一件事，都要经过试错的过程，平遥人也在不断地试错中，逐步走向成功。

雍正九年（1731年），阿拉善和硕特旗札萨克多罗郡王阿宝，在参与对准噶尔部噶尔丹的战争中屡立战功，清王朝赏定远营为郡王阿宝的居住之地。阿拉善因此开始修筑定远营城，城修筑成功后，定远营旗政府迁往定远营，定远营由此成为阿拉善的政治、经济、文化中心。"祥泰隆"随之移至定远营，更好的机遇来了。

当年一起来到紫泥湖创业的平遥人里，有西赵村的董显、董应和父子，他们父子在紫泥湖开办了一家"源泰当铺"。当铺可存银可放贷，获利颇丰。滚滚财源那得回到平遥故乡，如此他们在那座时常魂牵梦萦的故乡小村，用砖瓦修建雕花大屋，平遥城里，他们也开了商铺，如鱼得水，风生水起。

如是又是百年。

"祥泰隆"虽有商业机遇，却因经营不善，导致资不抵债，"源泰当铺"吞并了"祥泰隆"，当铺资金全部注入"祥泰隆"，当铺关门了，"祥泰隆"牌子仍在，商号改弦更张。

这时，接手"祥泰隆"的是董氏后人董得峰。这一年，是1821年，董得峰54岁。

董得峰生于乾隆三十二年（1767年），他出生时，董氏的当铺已在阿拉善站稳脚跟。他在嘉庆年间例授正六品千总。千总是武官，明朝开始设立，可以带兵。董氏家族的后人不知道董得峰如何可授千总，是捐？是考？不可稽。他们也不知道董得峰何时从平遥出发去了阿拉善。

董得峰把管理权传给儿子董振铺，董振铺传子董翰昌，董翰昌传子董枢，董枢传给弟弟董桩。

代代传承，董家在阿拉善经营"祥泰隆"，一直到1955年，走过了134年的时光。

百年又百年，董家从董显始到董桩止，在阿拉善经营出了一个商业帝国。他们借助商业票号之势，借助平遥人共同打造的商业之风，在阿拉善与牧民、与王府拓展出鱼水关系。他们兢兢业业，他们诚实守信，他们宽宏修身，他们豁达悲悯，他们不计眼前得失，义字当头，下有牧民喜欢，上有王府保驾，"祥泰隆"力压群雄，影响了阿拉善经济三百年。

董家人身在阿拉善，魂在平遥故里，他们的足迹并没有停步于此，他们在北京、上海、天津、兰州、南京、重庆、汉口、成都、张家口、包头、西安、宝鸡等地设立分号，派驻代理人。除此之外，他们还在宁夏设立了"隆泰裕""广发隆"，和其他商号一起掌握着宁夏的经济命脉。董家的商业版图，可谓是覆盖全国，形成他们自己的天下。

平遥的董家只是一个代表，还有许多许多的商号、票号，都是从平遥走出去，走向四面八方，走向全国各地，走向世界，他们用自己的一双脚和无数双布鞋丈量了天下。

他们祖先走的时候，还曾眷恋过家，他们的后代再出去时，已不再回望，他们雄姿英发，胸有千壑，站在别人的土地上，他们左右逢源，把天下的财富搬回家。

百年又百年，他们创造着独属于他们的传奇。

虽然，他们都在"三千年未有之大变局"中没落了，他们创造的梦境也渐渐消失和黯淡，但他们把经商的才能和胸怀天下的格局留给了后人，如今在平遥，亲朋好友若相问，平遥人依然在天下。

这在外的平遥人，他们心中的平遥，是古城的每一垛堞口，是古城里生活过的让他们自豪的先人，他们虽生活在别处，但同他们的祖先一样，想把天下财富搬回家。

平遥人，在天下行走，他们货通天下。

行走。

天下。

空间篇　平遥城

2020年10月，内蒙古自治区阿拉善盟政协一干人来到平遥，进行考察调研，平遥董氏家族后人董培良作陪，当然还有我，我是他们双方的媒介。

考察了董氏在平遥西赵村的故居后，一行人到了平遥古城，这是他们此行的终点，也是重点。

联合国教科文组织世界遗产委员会高度评价平遥古城，除此之

平遥古城，有城，有墙

外，平遥古城还是当今世界唯一的中国古县城实物标本。

平遥人对平遥古城的介绍，这就开始了。

平遥古城，有城，有墙。

城，是砖和土，用平遥人的期盼和信念夯出来的。

若追溯城之史，应该始建于周宣王时期，当时，辅佐周宣王的尹吉甫[1]北逐猃狁，大胜，就在太原之南的平遥建了城池，作为自己防守的基地。春秋时期，平遥是晋国城邑。汉代曾是汉文帝刘恒所居的中都县。早期的平遥叫尧城，后来叫平陶城，北魏时迁到此处，开始筑城，筑起城垣后，改叫平遥。

明初，蒙古俺答经常来山西骚扰，洪武三年（1370年），在旧墙体的基础上增修扩建，并全面包砖。在明景泰、正德、嘉靖、隆庆、万历几代皇帝执政期间都进行过多次补修，更新城楼，增设敌台。清康熙四十三年（1704年），康熙西巡路过平遥时，筑了四面大城楼，城池愈加壮观。

几百年来，可谓是坏了即修，不安全了就加固，马墙立起来，瓮城圈起来，3000个垛口，72座敌楼，一点点一日日成为风光。

人们在这样的城里，一代代繁衍，一辈辈辛劳，也与城外实现

[1]尹吉甫，周宣王时的太师，西周时期著名贤相，因其创作的多首诗歌被收入《诗经》，又被尊称为"中华诗祖"。尹吉甫仕于西周，征战于山西平遥、河北沧州南皮等地。西周末期，猃狁迁居焦获，进攻到泾水北岸，周宣王五年（公元前823年），尹吉甫率军反攻到太原。又奉命征收南淮夷等族的贡赋，并在朔方筑城垒。遗物有青铜器兮甲盘。

着抵抗与交流。攻城才能略地，总是因为战争和掠夺，才有了城池，这是抵抗。当冷兵器的光芒减弱时，人们载回财富；马蹄踢踏箭镞冷硬时，人们蜷缩在城内，度过兵荒马乱的岁月，世道平静下来，再外出经商，这是交流。

城，是由墙组成的。墙，是中国历史一个强大的意象，它是单调的，强硬的，向世人展示自己的功能。人类在茹毛饮血的时代，墙就立在人们身边了。小到一个家，要有院墙，大到一个国，建有长城，长城是巨大的墙，而古城更大意义上是围成一圈的墙，在历史上执行着护卫的使命。

也只有和"平"年月，跨过时光"遥"远的距离，这墙才以审美的态势出现，且以审美的功能换回财富。

高大结实的城墙，挡住了我们的视线。墙内人，抵触着却也向往着墙外；城外人，好奇着亦追踪着城内。

这强大的意象在千百年的光景里，挡住了蒙古骑兵的袭扰，挡住过农民军的攻占，挡住过日本兵的破坏，墙砖上的斑驳履痕也是丰功伟绩，人们没有忘记这城这墙，却也得在满目沧桑之后，再去欣赏残缺美。

有人说，这是座龟城。六座城门为龟体，南门为龟首，城外两眼井为龟眼，北门为龟尾，东西四门是四肢。巨大的神龟，眼望门外的柳根河，头朝东摇，尾向西摆。不想让神龟带走好风水，平遥人就在东门外修了关城。还有人说："点龟形，气在肩，团鱼生气在裙边，"城的南大门在龟肩，南大街为龟脊梁，与北大街交错呈"S"形，这样的神龟更有活力，平遥人也就更生机勃勃，说不定也能千秋万代。

愿望总是美好的。

带着平遥人的美好愿望，这座城从北魏伊始，历经岁月尘烟，依然完整鲜活。

目光从城外到城内。

明清时期，平遥城内有四大街、八小街、七十二条蚰蜒巷，街道、店铺、衙署、坛庙、寺观、民宅等，采取左祖右社、寺观对称、文武二庙遥相呼应的方式。现在看到的古城，基本是明清遗构，3797处古民居，保存完好的也有几百处。

城内古民居都是四合院，这凝聚着先人智慧的民居形式是古城的主流，可在很多很多的城市却已不可寻了。怪不得这是唯一保存完好的古县城呢，仅就这些民居，也是不可复制的宝贝。

古城内的街巷纵横交错，如今，徜徉在这街巷中，时间仿佛停息了，旧时温暖的记忆涌上心头。那些纷争和计较、勾心和算计、权利与金钱，零落成泥碾作尘。偶尔也见繁华，叫卖声、歌唱声、叹息声，人声鼎沸，此起彼伏，可当这喧哗扔进千年历史中，它便会被稀释，我们不会讨厌它，只觉得亲切。

这些民居原汁原味地保留着明清时代的形态神韵，旧影若在，

平遥古城街景

迷离摇曳。

你若是请了导游，他们一定会把你带到"日昇昌"，当然，也必须去"日昇昌"。

平遥人走得太远了，日益繁荣的商路上，日益扩大的商业往来中，那最是脆弱的肉体难以承载金银铜这硬通货的重量，难以承受战争带来的风险，也难以承受请镖局解运现银的负担。

难题横亘在前，怎能阻挡平遥人的脚步？

兵来，将挡。水来，土掩。

在繁华的京都，平遥西达蒲村财东李大全的"西裕成"颜料分号设立于此。那时，在北京经商的山西商人很多，每逢年终都要给家里捎钱，镖局运费高且不安全，就都来找财力雄厚的"西裕成"北京分号帮忙，北京分号把需要转运的银子收进来，然后写信给平遥总号，取款人从平遥总号兑出现银，"西裕成"收取一定的费用。察觉了商机，掌柜雷履泰借鉴古代"交子""飞钱"的经验，综合分析镖局、钱庄、币局、典当等经营金融机构的利弊，请示了财东李大全，率先于清道光三年（1823年）将"西裕成"颜料庄改为"日昇昌"票号，雷履泰是第一任大掌柜。

"日昇昌"票号先后在40多个城市设立分号，那一年，道光皇帝曾笑着说："好一个日昇昌，还能汇通天下哩！""汇通天下"气象形成，当时各地所挂招牌都是"京都日昇昌汇通天下"，作为对京都所起事业的纪念。

"日昇昌"在一日日的探索中，创立和完善了一整套管理办法和经营模式，开启了我国金融业的新纪元。

"日昇昌"出世时，远在阿拉善的"祥泰隆"已经开办100年，董氏后人刚刚将当铺资金注入"祥泰隆"，也只有2年。"日昇昌"为大江南北很多个商号提供了融通方便，这种轻便的票据纸张支撑着平遥人乃至山西商人在外继续扩张。

站在"日昇昌"票号的院子里，古旧的窗棂门扇都是带有那些远行人的气息的。雷履泰的画像挂在最显眼的地方，他是开创者，第一个吃螃蟹的人总是该被铭记。

平遥，一座城就是一个天下

　　那一副对联还保存在票号的两根柱子上：日丽中天万宝精华同耀彩，昇临福地八方辐辏独居奇。匾额是丽日凝辉。一副联，背后映射着财东李大全与掌柜雷履泰在日昇昌大院落成前同时做的那一个梦，两轮红日照亮了票号的前路。

　　书写"日昇昌"牌匾的那个嘉庆年间的状元陈沆早已魂归大地，他那年进京赶考落魄时，曾在湖北汉口西裕成分号得到过赞助，这点恩惠一直挂在状元心头，经年累月，最后还是以三个大字，变成了一段传世佳话，永久地把晋商"善与诚"的品质，留在了平遥。

　　李大全何以能让雷履泰为了他的票号贡献一生的才华？原来，当年李大全还是少年时，有一日曾随父亲进了平遥城，独自一人进赌场，看到一个壮年人手持宝盒，口齿伶俐，骰子从宝盒里一跃出，

壮年人瞬间即可准确唱出场上赌况，李大全深深折服，向人打听，才知道那壮年人是雷履泰，李大全执掌西裕成后，就把落魄失意的雷履泰收入自己商号，出任北京分号和汉口分号的经理。

上京赶考的陈沆，在汉口得到了资助，是因为雷履泰，这才有了题匾回报。

困顿之时得到李大全的器重，雷履泰便倾情相报。

恩与惠，因与果，世上终奥妙之处，还是诚信与善意。

一声赞叹，打断了我的思绪，票号里的人拿出的票据，让前来参观的人大吃一惊，那样的纸张，那样用小楷写出的隐秘的暗语，今天看来都是那样费解，那一项项的防伪标志让人叹为观止。薄薄一张纸，竟然是神机妙算，竟然是商业机密。

"日昇昌"票号经营之初，雷履泰和二掌柜毛鸿翙能做到齐心协力，可大多数人都是可以共患难，难以共富贵，或者说一山不容二虎。随着业务拓展，两大掌柜之间矛盾增多且升级，两人一番较量，雷履泰留下，毛鸿翙出走。毛鸿翙刚从"日昇昌"出来，就被隔着一个烧饼铺的"蔚泰厚"东家侯培余重金礼聘走，要不说平遥人聪明呢。

毛鸿翙一下子办起蔚泰厚、蔚丰厚、蔚盛长、天成亨、新泰厚五联号票号，成了大掌柜，他在"日昇昌"没能实现的愿望，在这里如愿以偿。五联号成为"日昇昌"的最大对手。

随之，票号又很快被其他商家效仿，乾盛亨、谦吉升、其昌德、云丰泰、蔚长厚（毛鸿翙创办）、松盛长、祥和贞、义盛昌、汇源涌、永泰庆、宝丰隆、永泰裕等一批票号，在西大街、东大街、南大街相继成立起来。

那时节，平遥城里鞭炮声起起伏伏，那些财东、掌柜都是一领长衫、文质彬彬地站在自家门口，迎接南来北往的客商，店小二跑得贼快，"恭贺、恭贺"的声音响彻云霄，抱拳作揖的样子成为标准姿势，一个票号帝国诞生在平遥。

站在这里，怎能不心潮起伏？

这雄浑的旋律总是让人震惊的，念兹在兹，清王朝建立之初，这些商人们就帮助政府获取生活物资和情报，如今票号帝国又是这么强大和通达，官方乐得把官饷、军饷、赈银、税银交给他们去办。

他们不仅由此走向全国，而且由此走向日本、朝鲜、英国、美国、俄国、德国等，那时的平遥是一个大大的平遥，是从古城向世界延伸的无数根触角。从道光年间到光绪年间的80多年里，平遥、祁县、太谷三县结成大商帮，在全国设立数百家票号，甚至跨国经营。而这庞大的票号帝国，是以日昇昌一骑绝尘，形成了票号业的万马奔腾。

那时，持有票据的已经不仅仅是平遥人，认票不认人，只要票在手，便可在世界流通。

自此，汇通天下。

汇，通天下。

平遥人靠自己赢得了财富和尊严。

站在这些小巷中，不想打问太多，也就无法对当初的每一个票号对号入座，但，这不要紧，要紧的是回想往事，得向"汇通天下"的平遥和平遥人致敬。

往事轮回，风云迭变。辛亥革命的浪潮刚过，抗日战争爆发，在这时代变局中，金融革新的步伐加快，平遥人还未从变局中清醒，属于他们的时代便过去了。曾经的汇通天下抵不过时间的侵蚀，而古城以石头和夯土的坚硬超越了时间。

顺着这些悠远的街巷，就着阳光的抚慰，再走一走吧。

那座矗立在路中心琉璃装饰的楼，就是有名的市楼吧。这座重建于清康熙二十七年（1688年）的楼，是古城的中心，早、午、晚三市，人们在这里来来往往，来来往往的人群，免不了举起手机对着这座市楼打卡。

文庙阔朗地立着。

文庙本是孔子先师的安坐之地，却在明清时成了学宫的代名词。平遥的文庙起源很早，据说始建于唐贞观初年，原为太子寺，后来才改作文庙。这座占地35811平方米的建筑，在山西省所有文庙中算比较大的一个。棂星门前有一座大大的砖雕影壁，还有一座"云路天衢"的牌坊。进了棂星门，大成门，大成殿、明伦堂、敬一亭、尊经阁一字排开，名宦祠、乡贤祠、贤侯祠、忠孝祠、时习斋等陪列两侧。

精华部分就是大成殿了，这是我国仅存的金代文庙建筑。一座斗拱硕大、出檐深远的殿宇，卧在1米高的方形基座上。雄伟壮观，朴实无华。金代的平遥痕迹不明显，但却留下了这么一座建筑，谁说雁过无痕？恭敬地给先师叩头，但愿能把那些文气沾染几分，同来的朋友也同样，对文字的虔诚是我们共同的信仰。

后墙外侧正中有圆形实心门，上书一个硕大的"魁"字，据说若高中状元，从棂星门中间通道进入大成殿，即可打开"魁"字门，通往敬一亭举行祭天仪式，有"一举夺魁"之意，只可惜状元没有了，我们也无法证实。魁星高照，绵延了科举制度的千年光阴。

武庙还在修缮，看不到关羽大神淡漠的双眼。

县衙里回响着旧时维持世间秩序的声音。

衙门街的古老县衙，前有影壁，看一眼影壁，就可以奔向衙门去办事了。过仪门，到大堂申冤，到二堂民事调解，再往里就是内宅。辛亥革命一声枪响后，就不能窥探县官们的生活了。最北端有大仙楼，是元代遗构，供奉守印大仙。在县官们的眼里，这官印，光靠人守是不够的，必须借助神仙的力量。一路行来，仿佛听见"威武"声起，师爷、衙役、皂隶一一就位，冤屈是否伸张，我们不得而知，历史才是记录者，建筑才是见证者。

城内还有镖局呢。

平遥历史上有个叫王正清的，曾在平遥开设"同兴公"镖局。这人是平遥近代武术史的奠基人，自小爱弄枪舞剑，力大过人，在京城拜了名师刘德宽和贾殿魁，枪、鞭、刀、棍、钩、拳，样样精通，名震京师。清咸丰五年（1855年），王正清把镖局开在平遥。票号兴起时，是不是也会影响镖局的生意呢？

王朝歌的《又见平遥》还在演着，戏是相同的，演戏的人换了一茬又一茬。镖局人每次出发，都有可能奔向死亡，因此才那么让人心痛。

在戏的意蕴里，把目光拉远，从古到今，平遥城里走过尹吉甫、廉颇、汉文帝、孙楚、孙盛、杜丰、刘伯温等很多有名有姓的人物，尽管有的人我们并不认识，但平遥人认识呀，可谓是人文璀璨。

走走停停，瞧瞧看看，古城内的风情林林总总，难以尽述。嘈嘈切切，一切都是千万个灵魂在交谈，操着五花八门的语言。

站在城墙上，手搭凉棚，建筑的挑角飞檐，庙宇的庄严肃穆，人流的穿梭不息，都在眼底。原来，历史不借助我们说话，而我们此刻说出的话，写下的字里，已经包含历史的声音。

走出城外，双林寺、镇国寺，遥遥相望。

镇国寺，坐北朝南，中轴线上依次排列着天王殿、万佛殿、三佛楼。天王殿是元代建筑，钟楼、鼓楼、观音殿、地藏殿等都是明清时期修建起来的，最珍贵的是万佛殿，建于北汉天会七年（963年），是国内所存已不多的五代建筑之一。我一眼就看见了斗拱，那么大，像花瓣伸展开。殿内佛坛上有一佛、二弟子、二菩萨、二供养菩萨、二天王、二供养弟子一共11尊塑像，竟然都是五代原作。菩萨低眉娇柔，天王怒目雄健，佛祖慈悲喜舍，每一尊都为世界留下意味深长的表情。

双林寺在北齐曾重修过，最少也有1400多年的历史。可惜毁于火灾，后经多代重修扩建，虽然现为明清遗构，但以双林彩塑的绝艳，在雕塑史上、古建筑史上占据着特殊位置。释迦殿影壁后的渡海观音与身下的海浪动静参差，相映成趣，十八罗汉面相趋于世俗，带着普通人的表情。千佛殿的悬塑栩栩如生。菩萨殿的400多尊菩萨，观觉满壁佛意。这世上有的事，不能细究，双林寺竟然有2052尊明清彩塑，真是国宝。进了双林寺，就是进了彩塑王国，眼花缭乱是常事，但愿心不会乱。

双寺护古城，文化通天下。

双林寺彩塑，栩栩如生

琳琅满目的平遥，是古旧的，是平遥人保存下来的，是所有平遥人的故乡，走得再远，都得回家。

阿拉善人此次调研收获颇丰，他们心满意足地回去了。

而他们留下了感叹，这感叹也是我的感叹。

一座城，是城的典范。

一座城，就是一个天下。

一段历史，就是一个世界。

历史远去，两个年份进入眼帘：1986年，平遥古城被中华人民共和国国务院公布为国家历史文化名城；1997 年，镇国寺和双林寺一起，作为平遥古城的一个组成部分，被联合国教科文组织世界遗产委员会列入《世界遗产名录》。

一朝定名天下知。

天下人慕名而来。

当平遥国际摄影大展的脚步每年如期而至，平遥古城更是借助高清图像技术飞向千家万户，打动了更多人的心。

当平遥国际电影展的脚步每年如约而来，又有许多电影人相携来古城走红毯打卡，他们把电影信息留在古城的砖瓦间。

平遥古城接待着天下宾朋。

古城发生的故事，从淡黄的历史暗影中走出来，实实在在地告诉世人，这里，曾是天下。

平遥人用行走的方式和头脑风暴跨越时空。

时间、空间，其实是相融的，是大大的世界坐标轴，天下就是轴心，空间是时间的证明，时间是空间的历程，时空，即天下。

来平遥吧，带好行李和地图，请在"平遥古城"下车。

后 记

　　每次写完一本书，我都会问问自己：到底写的是什么？这一本书同样。

　　把所写对象按时间排列出来：丁村文化、河东盐池、陶寺遗址、晋国博物馆、云冈石窟、五台山、天龙山石窟、晋商票号、平遥古城。

　　从旧石器时代，人还是懵懂的，只会制作石器开始，历经盐池上的自然造化与人类胜迹，到最初的中国——陶寺、辉煌了六百年的晋国、佛教中国化的历程、晋商崛起影响中国六百年……几十万年在指间以墨与纸、键盘与电脑的方式流逝，这是时间；空间里，从晋南、晋北再到晋中，记忆之羽划过这高山大河。广袤的时空里，影影绰绰活动着无数的人，生成丰富多彩的文化，这确实是山西文化记忆。

　　仅仅是文化记忆吗？

　　丁村，是新中国成立之后第一处被发掘的旧石器时代的文化遗址，且接续上了旧石器时代人类活动的时间链条。

盐池是天然造化，南风吹拂结晶的盐粒，从很早很早以前就走向人类可及之处，养育了整个民族。陶寺，作为文化和权力向中原汇聚的一个标签，托起了一个都城和一个国家。晋国，从"启以夏政，疆以戎索"开始，加快民族融合的速度，创造了灿烂的物质和精神文明。云冈石窟，汇世界之精华，成艺术之宝库，凸现了一个都城在丝绸之路上的地位，创造了一个国际化的时代。五台山，把佛教中国化的历程展现得淋漓尽致。天龙山，以被劫掠或摧残的方式，走向世界，佛首回归，万众瞩目。晋商，从"开中法"起步，续千年晋商之智，在三晋乃至中华大地上驰骋，票号创立后，更是如虎添翼，汇通天下。平遥古城，小小一座砖围起的城池，占据的却是世界的目光，形形色色的人，他们在平遥感受人类文化遗产的魅力，又把平遥之精美传播到世界各地，平遥便著名到无可复加。

就这么一捋，一个惊叹号从大同画到了运城，这哪一个、哪一座、哪一帧、哪一段，不是世界的？是的，不仅仅属于山西，不仅仅属于中国，是世界的！

《淮南子》中说："上下四方曰宇，往来古今曰宙。"我写下的这几十万年，是对时空的书写，也是对世界、宇宙的书写。这宇宙，奥妙无穷亦精心，怕人们会遗忘，便每隔一个时间段推出一件物事，带着各自的记忆矗立在那里，等人们来破解和阐述。当破解了的石器、盐粒、鼍鼓、佛首、票据一一被举起，一条路便清晰起来，那是中国人的来路，当陶寺文明辉光闪烁时，我也看到了中华文明的形成之路。

如张爱玲所说，于千万年之中，时间的无涯的荒野里，没有早一步，也没有晚一步，遇上了也只能轻轻地说一句："哦，你也在这里吗？"而这些见证的事物亦是如此，恰好在山西，没有近一点，也没有远一点，没有早一步，也没有晚一步，遇上了便知道，山西在中华文明史上的地位，不言而喻。

图书在版编目 (CIP) 数据

大地上的遗珍 / 王芳著 . -- 太原：山西教育出版
社，2024.5（2025.9 重印）

（山西文化记忆 / 杜学文主编）

ISBN 978-7-5703-3889-4

Ⅰ . ①大… Ⅱ . ①王… Ⅲ . ①地方文化—山西—通俗
读物 Ⅳ . ① G127.25-49

中国国家版本馆 CIP 数据核字 (2024) 第 072126 号

大地上的遗珍
DADI SHANG DE YIZHEN

王 芳 著

选题策划	马 宏	狄晓敏
责任编辑	狄晓敏	
复 审	马 宏	
终 审	刘晓露	
装帧设计	薛 菲	
内文设计	陈 晓	
印装监制	赵 群	

出版发行 山西出版传媒集团·山西教育出版社
　　　　　地址：太原市水西门街馒头巷7号
　　　　　电话：0351-4029801　邮编：030002

印 装	山西新华印业有限公司
开 本	890mm × 1240mm　1/32
印 张	8.5
字 数	166千字
版 次	2024年5月第1版　2025年9月山西第5次印刷
书 号	ISBN 978-7-5703-3889-4
定 价	69.00元

如发现印装质量问题，影响阅读，请与山西教育出版社联系调换。电话：0351-4729718。